Into the Glory of Premanand ji Maharaj

Shri Hit Premanand Govind Sharan Ji Maharaj

Prashant Gautam

Made with love on the Notion Press Platform

www.notionpress.com

Preface

The book is a humble tribute to Shri Hit Premanand Govind Sharan Ji Maharaj , A great spiritual soul , a gentle wise man whose teaching and spiritual words continue to warm countless hearts with respect and golden shine . I author Prashant Gautam present you my latest work as an expression of my admiration for Maharaj ji I made this book as a novel or story but blend it with reflection of my heartfelt devotion and gratitude to Maharaj ji spiritual journey .

This book was created with deep research through the assistance and help of modern tools and the guidance of Maharaj Ji devotees. The content in this book was prepared through research. Every detail has been carefully reviewed to ensure accuracy, but if there is any error, I sincerely apologize, and I welcome your suggestion throw mails. My intention is never to offend or hurt anyone based on any caste, religion, or group. This work is simply a tribute or a celebration of the love and faith Maharaj Ji gave to me and millions of devotees, and I hope it will inspire all the readers in the same way.

Thank you, dear readers, for choosing this book. I wish, with Maharaj Ji's blessing, that the book may bring peace, joy and the light of wisdom into your life.

Author: Prashant Gautham

Author's Note

This book is written with love and respect for Shri Premanand Ji Maharaj. I have spent many hours learning, discovering and collecting information about Maharaj Ji from internet and many of the faithful devotees as well as respected people to share his/her teaching like a story, like a long fiction novel, and every word shocks me about how a man can be so devoted to God like Maharaj Ji . I used both traditional ways and modern tools for many works, like research and translation which help devotees to read the book in both English and Hindi as well.

Every single word came from my heart, and I thank Shri Premanand Ji Maharaj for his blessings, as well as showing my heartfelt gratitude to my readers for being a part of this journey, a spiritual journey that I try to make in the form of a spiritual novel. If there are any mistakes, I apologize. My only aim is to share my love, respect and the divine message of Maharaj ji.

DISCLAIMER

This book is a work of art and facts based on the life of Shri Hit Premanand Govind Sharan Ji Maharaj. While major life events , dialogue, inner thoughts, emotions and specific arcs are the author's imagination, which is for narrative purposes. Every effort has been made to ensure accuracy, and any errors brought to our notice will be corrected in future editions.

Thank you for giving me the chance to share this book with you.

Content

Chapter 1 The Seed of Awakening

I feel the world felts so heavy sometimes, and people can't escape this. People run here and there, chasing different things they want, like papers of money, luxury items including cars, lavish villas, fancy clothes and much more. Actually I understand this all is just a lie of life; all the people worry about losing what they have even after knowing that this all will one day be gone forever, scared of every little problem. Living in a time called Kaliyug, where every trouble seems so big and hard to face.

मुझे लगता है दुनिया कभी-कभी बहुत भारी महसूस करती है, और लोग इससे बच नहीं सकते। लोग इधर-उधर भागते हैं, अलग-अलग

चीजों का पीछा करते हैं, जैसे कि पैसे के कागजात, कारों सहित विलासिता की वस्तुएं, भव्य विला, फैंसी कपड़े और बहुत कुछ। वास्तव में मैं समझता हूं कि यह सब जीवन का एक झूठ है; सभी लोग यह जानने के बाद भी अपने पास जो कुछ है उसे खोने की चिंता करते हैं कि यह सब एक दिन हमेशा के लिए चला जाएगा, हर छोटी सी समस्या से डरते हुए। कलियुग समय में रहना, जहाँ हर परेशानी इतनी बड़ी और कठिन लगती है।

But in this so-called busy life where people act like rats in this messy world, there is a spiritual person; there is a man who tries to bring peace like a beam of light in this dark world. **Guru Dev Shri Premanand Maharaj Ji** has shown people how to find calm and happiness no matter what is going on in this rat race. Maharaj ji wasn't always a great teacher but was a great thinker from his childhood. A boy born in the year **1969** named **Aniruddh Kumar Pandey** was born in a little but beautiful nostalgic village called **Akhri** in **Kanpur, Uttar Pradesh.** Maharaj Ji's family didn't have much, meaning no big piles of money, no shiny things to show off. They lived simply , in a mud house with a straw roof, but they had something strong called love from God. Maharaj Ji's mother, **Shrimati Rama Devi**, always sang prayers while she worked. Maharaj Ji's father, **Shri Shambu Pandey**, always worked hard to feed his family, and in the later years he accepted sanyaas. Maharaj ji grandfather was a holy man who chose sanyaas and always shine in the glory of God, and his elder brother reads stories from the book about Lord Krishna and Radha Rani, whom Maharaj Ji grew up hearing those tales of feeling them in his heart.

लेकिन इस तथाकथित व्यस्त जीवन में जहाँ लोग इस दुनिया में चूहों की तरह व्यवहार करते हैं, वहाँ एक आध्यात्मिक व्यक्ति है; एक आदमी है जो इस अंधेरे दुनिया में प्रकाश की किरण की तरह शांति लाने की कोशिश करता है। **गुरु देव श्री प्रेमानंद महाराज जी**

ने लोगों को दिखाया है कि इस चूहे की दौड़ में चाहे कुछ भी हो, कैसे शांति और खुशी पाई जा सकती है। महाराज जी हमेशा एक महान शिक्षक नहीं थे, बल्कि बचपन से ही एक महान विचारक थे। **वर्ष 1969** में पैदा हुए अनिरुद्ध कुमार पांडे नाम के एक लड़के का जन्म उत्तर प्रदेश के कानपुर के अखरी नामक एक छोटे से लेकिन सुंदर पुराने जमाने के गाँव में हुआ था। परिवार के पास बहुत कुछ नहीं था, यानी पैसे का कोई बड़ा ढेर , दिखाने के लिए कोई चमकदार चीजें । वे केवल भूसे की छत वाले मिट्टी के घर में रहते थे, लेकिन उनके पास कुछ मजबूत था जिसे भगवान का प्यार कहा जाता था। महाराज जी की **माँ श्रीमती रमा देवी** काम करते समय हमेशा प्रार्थना करती थीं। महाराज जी के पिता **श्री शंभू पांडे** ने हमेशा अपने परिवार का भरण-पोषण करने के लिए कड़ी मेहनत की और बाद के वर्षों में उन्होंने संन्यास स्वीकार कर लिया। उनके दादा एक पवित्र व्यक्ति थे जिन्होंने संन्यासों को चुना और हमेशा भगवान की महिमा में चमकते रहे और उनके बड़े भाई भगवान कृष्ण और राधा रानी के बारे में पुस्तक से कहानियां पढ़ते, जिनके बारे में महाराज जी उन कहानियों को सुनकर बड़े हुए, उन्हें अपने दिल में महसूस करते थे।

Today people know Maharaj Ji as a wise man with a gentle and sweet heart; when he talks, it's so soft but strong, throwing deep meaning like a warm wind that makes you feel safe and wise. He speaks of Radha Rani a lot. Maharaj Ji always tells people Radha Rani is a name that feels like a key that opens the doors of a peaceful world. His words wrap around you, simple and clear, making everything seem okay and so fine. He’s been through tough times, days with no food, and moments when his body hurt a lot, but he never ever stopped. From a small nostalgic village to the holy cities of Varanasi and Vrindavan, he walked a long way to find his God.

आज लोग महाराज जी को एक सौम्य और मधुर हृदय वाले बुद्धिमान व्यक्ति के रूप में जानते हैं; जब वे बात करते हैं, तो बहुत नरम लेकिन मजबूत लगता है, गर्म हवा की तरह गहरा अर्थ जो आपको सुरक्षित और बुद्धिमान महसूस कराता है। वे राधा रानी के बारे में बहुत बात करते हैं। महाराज जी हमेशा लोगों को बताते हैं कि राधा रानी एक ऐसा नाम है जो एक शांतिपूर्ण दुनिया के दरवाजे खोलने वाली चाबी की तरह प्रतीत होता है। उनके शब्द आपके चारों ओर घूमते हैं, सरल और स्पष्ट, जिससे सब कुछ ठीक और अच्छा लगता है। वह कठिन समय, बिना भोजन के दिनों और ऐसे क्षणों से गुजरे हैं जब उनके शरीर में बहुत दर्द होता, लेकिन वह कभी नहीं रुके। एक छोटे से गाँव से लेकर वाराणसी और वृंदावन के पवित्र शहरों तक, उन्होंने अपने भगवान को खोजने के लिए एक लंबा सफर तय किया।

This story starts with that boy, before he becomes the master of the world. It’s about how a little spark lit up inside him, pushing Maharaj Ji to leave everything and choose to find the real reason for this world, how this world actually works, whom this all made, and why Maharaj Ji steps on the ground. Maharaj Ji life shows that even when things get hard, there’s a way to keep going to find something real and good. So let's go back to where it all began, back to Akhri Village, when Maharaj Ji was just a boy with gentle eyes and a warm heart, ready to wake up.

यह कहानी उस लड़के के साथ शुरू होती है, इससे पहले कि वह दुनिया का स्वामी बन जाए। यह इस बारे में है कि कैसे उनके अंदर एक छोटी सी चिंगारी जगमगा उठी, महाराज जी को सब कुछ छोड़ने और इस दुनिया का असली कारण खोजने के लिए प्रेरित किया, यह दुनिया वास्तव में कैसे काम करती है, यह सब किसने

बनाया, महाराज जी का जीवन दिखाता है कि जब चीजें कठिन हो जाती हैं, तब भी कुछ वास्तविक और अच्छा खोजने का एक तरीका होता है। तो चलो वापस चलते हैं जहाँ यह सब शुरू हुआ था, वापस अखरी गाँव में, जब महाराज जी सिर्फ कोमल आँखों और गर्म दिल वाले लड़के थे, जागने के लिए तैयार थे।

The sun came up slowly over Akhri Village, a quite nostalgic place in Kanpur where life moved easily and slowly. The sky turned soft blue, shining on mud houses with straw roofs. The air smelt like fresh dirt, and many animals, like cows, buffaloes, and goats, were resting nearby, making loud sounds and waking everyone. The smoke floated up from the houses as mothers started cooking. In one of those houses, Maharaj Ji sat on the mat, his thin legs crossed, his dark hair fell over his eyes, and he pushed it back with a quick hand. That time Maharaj Ji was just thirteen, just a simple village boy then, but something was stirring inside him.

सूरज धीरे-धीरे अखरी गाँव पर आ गया, कानपुर जहाँ जीवन आसानी से और धीरे-धीरे चलता है। पुआल की छतों वाले मिट्टी के घरों पर चमकते हुए आकाश नरम नीला हो गया। गाय, भैंस और बकरियों जैसे कई जानवर पास में आराम कर रहे थे, ज़ोर की आवाज़ें कर रहे थे और सभी को जगा रहे थे। जब माताओं ने खाना बनाना शुरू किया तो घरों से धुआं निकलने लगा। उन घरों में से एक में, महाराज जी चटाई पर बैठे, उनके पतले पैर पार हो गए, उनके काले बाल उनकी आँखों पर गिर गए, उस समय वे केवल तेरह वर्ष के थे, तब वे गाँव के एक साधारण लड़के थे, लेकिन उनके अंदर कुछ हलचल हो रही थी।

Akhri wasn’t a rich village; no big carts rolled over the muddy road, no bright lights glowed at night, and the houses were plain, made of full mud, and the roof that leaked when the rain fell hard was made of dry sticks, and the cows walked around free while eating grass or sleeping under the trees, and the lanes were full of stones and dust. Many of the people sat under the shades of a large tree talking about the day or things going on. Maharaj Ji's house was small too, but it felt warm. His mother, Shrimati Rama Devi, worked inside the kitchen, which didn't fully look like a kitchen but a separate, clean part of the house. She used to cook the food; she rolled out roti on a chullah, and the plesent smell of warm dough filled the room.

अखरी एक समृद्ध गाँव नहीं था; कीचड़ भरी सड़क पर कोई बड़ी गाड़ियाँ नहीं चलती थीं, रात में कोई चमकीली रोशनी नहीं होती थी, और घर सादे थे, पूरी मिट्टी से बने होते थे, और बारिश होने पर जो छत निकलती थी वह सूखी डंडों से बनी होती थी, और गायें घास खाते हुए या पेड़ों के नीचे सोते हुए स्वतंत्र रूप से घूमती थीं, और गलियाँ पत्थरों और धूल से भरी होती थीं। बहुत से लोग एक बड़े पेड़ के नीचे बैठकर उस दिन या चल रही चीजों के बारे में बात कर रहे थे। महाराज जी का घर भी छोटा था, लेकिन गर्म महसूस होता था। उनकी माँ, श्रीमती रमा देवी, रसोईघर के अंदर काम करती थीं, जो पूरी तरह से रसोईघर की तरह नहीं बल्कि घर का एक अलग, साफ-सुथरा हिस्सा था। वह खाना बनाती थी; वह एक चूल्हे पर रोटी बनाती थी, और गर्म आटे की खुशबू कमरे में भर जाती थी।

Maharaj Ji's father, Shri Shambu Pandey, sat by a little clay lamp holding prayer beads, and his lips moved quietly, like sending words to God with love and gentleness. Maharaj Ji's grandfather wasn't there because he had gone years back to live as a holy man in the shine of God, leaving everything behind, but his spirit stayed with them like a shadow that never left his family. But

Maharaj Ji's elder brother was there, a tall boy with a strong voice; he loved the big book, which he called **Shrimad Bhagvatam**, its pages old and worn. Every night Maharaj Ji elder brother sat down on a mat and opened the spiritual book and read the stories while the whole family listened.

महाराज जी के पिता, श्री शंभू पांडे, प्रार्थना के मोती पकड़े हुए मिट्टी के एक छोटे से दीपक के पास बैठे थे, और उनके होंठ शांति से चलते थे, जैसे कि भगवान को प्यार और विनम्रता के साथ शब्द भेजते । महाराज जी के दादा वहाँ नहीं थे क्योंकि वे कई साल पहले भगवान की चमक में एक पवित्र व्यक्ति के रूप में जीने के लिए गए , सब कुछ पीछे छोड़ गए थे, लेकिन उनकी आत्मा उनके साथ एक छाया की तरह रही जिसने उनके परिवार को कभी नहीं छोड़ा। लेकिन महाराज जी के बड़े भाई वहाँ थे, एक मजबूत आवाज़ वाला लंबा लड़का; उन्हें उस बड़ी किताब से प्यार था, जिसे उन्होंने श्रीमद भागवतम् कहा , जिसके पन्ने पुराने और घिसे हुए थे। हर रात महाराज जी के बड़े भाई एक चटाई पर बैठते और आध्यात्मिक पुस्तक खोलते और कहानियाँ पढ़ते थे, जबकि पूरा परिवार सुनता था।

Maharaj ji loved those evenings that he sat close, making knees up with a piece of bread in his hand while listening to his brother's voice that carried the tales of Lord Krishna, who loved him so much. Maharaj ji didn't catch every word, but he felt them deep inside like a small fire starting to spark, but one spiritual story stuck in his mind: there is a king named **Parikshit** who knew about his death in just seven days, but the king didn't run or cry as he sat and talked to God until his end came. Maharaj Ji chewed the roti slowly and thought for not just one day or moment but for about seven days, Maharaj Ji said in his mind, [What is the purpose of life?] [Who are you?] .

महाराज जी को उन शामों से प्यार था कि वे हाथ में रोटी का टुकड़ा लेकर घुटने टेककर बैठते थे और अपने भाई की आवाज़ सुनते थे, जिसमें भगवान कृष्ण की कहानियाँ होती थीं, जो उनसे बहुत प्यार करते थे। महाराज जी को हर शब्द समझ में नहीं आया, लेकिन उन्होंने उन्हें अंदर की गहराई में महसूस किया जैसे एक छोटी सी आग भड़कने लगी हो, लेकिन एक आध्यात्मिक कहानी उनके दिमाग में अटक गईः परिशित नाम का एक राजा जिसे केवल सात दिनों में उनकी मृत्यु के बारे में पता था, लेकिन राजा न तो भागता और न ही रोता वह बैठें और भगवान से बात करते जब तक कि उनका अंत नहीं हो गया। महाराज जी ने रोटी को धीरे-धीरे चबाया और सिर्फ एक दिन या पल के लिए नहीं बल्कि लगभग सात दिनों तक सोचा, उन्होंने अपने मन में कहा, [जीवन का उद्‌देश्य क्या है?] [आप कौन हैं?] ..

Outside, life was simple. Maharaj Ji walked through the lanes with his friends; they kicked a ball made of rags, laughing when it hit a rock. Sometimes Maharaj Ji was ready to climb the large trees, feeling the bark on his hands, or sit by the flowing river watching the fish moving so quickly under the water while women at the well washed clothes, their voices mixing with the sound of water. Maharaj Ji walked by, waving at the milkman or stepping around the goats, which liked so much to chew fresh grass. It was a good life in a small and calm village, but something bigger was calling.

बाहर जीवन सरल था। महाराज जी अपने दोस्तों के साथ गलियों से गुजरते थे; वे कपड़ों से बनी गेंद को लात मारते थे, जब वह चट्टान से टकराती थी तो वे हंसते थे। कभी-कभी वह बड़े पेड़ों पर चढ़ने के लिए तैयार, अपने हाथों की छाल को महसूस करते, या बहती नदी के किनारे बैठ कर मछली को पानी के नीचे इतनी तेजी

से चलते हुए देखते, जबकि कुएं पर महिलाएं कपड़े धोती थीं, उनकी आवाज़ पानी की आवाज़ के साथ घुल जाती थी। महाराज जी दूधवाले की ओर हाथ हिलाते हुए या बकरियों के चारों ओर घूमते हुए चले गए, जिन्हें ताजी घास चबाना बहुत पसंद था। एक छोटे से और शांत गाँव में यह एक अच्छा जीवन था, लेकिन कुछ बड़ा बुला रहा था।

Inside the house there was something special: his mother hummed songs about God while working, her soft and calm voice nourished the whole environment and expressed God's presence everywhere. She'd say, 'In the flowing river, in the floating trees, my god is everywhere.' His father's beads clicked as he prayed, a sound that stayed with Maharaj Ji even at night when the stars came out. The family sat together in front of a glowing soft lamp.

घर के अंदर कुछ खास था: उनकी माँ काम करते समय भगवान के बारे में गीत गाती थीं, उनकी कोमल और शांत आवाज़ पूरे वातावरण को पोषित करती थी और हर जगह भगवान की उपस्थिति को व्यक्त करती थी। वह कहती थी, 'बहती नदी में, तैरते पेड़ों में, मेरा भगवान हर जगह है।' प्रार्थना करते उनके पिता, एक ऐसी आवाज जो रात में भी जब तारे निकलते थे तो महाराज जी के साथ रहती थी। परिवार एक साथ एक चमकते हुए कोमल दीपक के सामने बैठ गया।

Maharaj Ji's elder brother read from the book, and Maharaj Ji and the whole family listened, eyes getting big, and then just a soft voice came out. ______ [God's in our hearts], his mother said, whom the line touches his heart that feels so wise, like a beam of light into an empty corner of his heart.

महाराज जी के बड़े भाई ने किताब से पढ़ा, और महाराज जी और पूरा परिवार सुन रहा था, आंखें बड़ी हो रही थीं, और फिर बस एक नरम आवाज आई। _ _ _ _ [भगवान हमारे दिलों में है], उनकी माँ ने कहा, जैसे कि दिल के एक खाली कोने में प्रकाश की किरण।

Maharaj Ji was old enough for school, and his school was a small place with a tin roof and benches that shook if you moved too fast. The kids there talked loud and threw papers when the teacher wasn't looking. Maharaj ji didn't like this misbehavior a single bit; this all made his head hurt, but even with this, he still came to school regularly for listening to his teacher [Guru ji] and for reading stories about brave people. Maharaj ji walk to school, his bag on his back, and the sun would look so warm on his face. This is now afternoon; after school, Maharaj ji came back home through the dusty lanes, his feet stirring up little clouds and a bit dusty, and the village went on around him. __ Cows were eating fresh grass and here at the well; women were busy for water as well as On the other hand, at the center of the village, under the shades of a large tree, old elders were chatting so peacefully. Everything looked so grounded and magical.

महाराज जी की उम्र स्कूल जाने के लिए काफी थी, और उनका स्कूल एक छोटी सी जगह थी जहाँ टिन की छत और बेंच थे जो बहुत तेजी से चलने पर हिल जाते थे। वहाँ के बच्चे ज़ोर से बात कर रहे थे और जब शिक्षक नहीं देख रहे थे तो उन्होंने कागज़ फेंक दिए। महाराज जी को यह दुर्व्यवहार जरा भी पसंद नहीं था; लेकिन इसके बावजूद वे अपने गुरु (गुरु जी) को सुनने और बहादुर लोगों की कहानियाँ पढ़ने के लिए नियमित रूप से स्कूल आते थे। महाराज जी पीठ पर अपना थैला लिए चलते हुए स्कूल जाते थे और उनके चेहरे पर सूरज कितना गर्म दिखाई देता था। अब दोपहर हो गई; स्कूल के बाद, महाराज जी धूल भरी गलियों से घर वापस

आए, उनके पैर छोटे-छोटे बादलों और थोड़ी धूल से हिल रहे थे, और गाँव उनके चारों ओर घूम रहा था। _ _ गायें ताज़ी घास खा रही थीं और यहाँ कुएँ पर; महिलाएं पानी के लिए भी व्यस्त थीं। दूसरी ओर, गाँव के बीच में, एक बड़े पेड़ की छाया के नीचे, बूढ़े बुज़ुर्ग शांति से बात कर रहे थे। सब कुछ बहुत जमीनी और जादुई लग रहा था।

One day, It was evening, and Maharaj Ji came home back like always. He dropped his bag by the wooden chair and washed his hands in a bucket, and here his mother was in the kitchen. His father sat by the lamp praying softly, the evening slowly turning into night. His elder brother opened the book again; soon he now started the same story about **King Parikshit** waiting for his last day. Maharaj ji sat on his mat eating a piece of roti, and then just a thunder thought came into his mind while eating roti [One day I will die; one day my mother will die]. Slowly his eyes went wide and red [My father too, even my brother – we'll all go away]. His heart beats with speed like it wanted to jump out. He looked at his mother, her hands moving over the pot, and his father listening to the story so deeply, and then he again thought, 'They all were so alive ___ breathing, smiling.' His brother kept reading in a warm and calm voice, which was slowly going to be strong as it came to the climax of the story, but here the voice buzzed into the ears of Maharaj Ji.

एक दिन, शाम हो चुकी थी और महाराज जी हमेशा की तरह घर वापस आ गए। उन्होंने लकड़ी की कुर्सी के पास अपना थैला गिराया और एक बाल्टी में अपने हाथ धोए, और यहाँ उनकी माँ रसोई में थीं उनके पिता दीपक के पास बैठकर धीरे-धीरे प्रार्थना कर रहे थे, शाम धीरे-धीरे रात में बदल गई। उनके बड़े भाई ने फिर से किताब खोली; जल्द ही उन्होंने राजा परीक्षित के बारे में वही

कहानी शुरू कर दी जो उनके अंतिम दिन का इंतजार कर रहे थे। महाराज जी रोटी का टुकड़ा खाते हुए चटाई पर बैठ गए, और फिर रोटी खाते समय उनके दिमाग में बस एक गरज का विचार आया [एक दिन मैं मर जाऊंगा, एक दिन मेरी माँ मर जाएगी]। धीरे-धीरे उनकी आँखें चौड़ी और लाल हो गईं [मेरे पिता भी, यहाँ तक कि मेरा भाई-हम सब चले जाएंगे]। उनका दिल तेजी से धड़कता है जैसे वह बाहर कूदना चाहता हो। अपनी माँ को देखा, हाथ बर्तन के ऊपर से गुजर रहे थे, और पिता कहानी को गहराई से सुन रहे थे, और फिर सोचा, 'वे सभी जीवित है। ___सांस ले रहे है। मुस्कुरा रहे है।' उनके भाई गर्मजोशी और शांत आवाज़ में पढ़ते रहे, , लेकिन यहां महाराज जी के कानों में आवाज़ गूंजने लगी।

The warm feeling inside Maharaj ji turned cold and heavy; he stared at the floor and forgot to eat while getting the same thought into his mind. Maharaj Ji slowly moved to the place where he slept that night he lay on his mat; the dark roof was above him, and crickets sang outside, making the surroundings a bit alive. Maharaj Ji again got the thought into his mind: [If we all die one day, why do we do anything?] .

महाराज जी के अंदर का गर्मजोशी का एहसास ठंडा और भारी हो गया; उन्होंने फर्श की ओर देखा और वही विचार अपने दिमाग में लाते हुए खाना भूल गए। महाराज जी धीरे-धीरे उस स्थान पर चले गए जहाँ वे उस रात सोते थे, वे अपनी चटाई पर लेटे हुए थे; अंधेरे की छत उनके ऊपर थी, और बाहर जुगनू गा रही थी, जिससे आसपास का वातावरण थोड़ा जीवंत हो गया था। महाराज जी के दिमाग में फिर से एक विचार आयाः (अगर हम सब एक दिन मर जाते हैं, तो हम कुछ क्यों करते हैं?) ..

Maharaj Ji turned over, his blanket tangling around him. Maharaj Ji thought of his friends, the cows outside, the trees – all of it would end one day slowly his eyes felt wet, but he didn't let tears fall; he just lay there and here while thinking those thoughts in his mind. The next morning Maharaj ji didn't get up fast like usual; he sat by the door watching the sun rise, now his mind full of questions. Cows sat nearby and the dogs barked, but he didn't hear them. [There has to be something that stays.] [Something that doesn't go away] Maharaj ji said to himself, kicking the stone.

As soon as, like the thunder thoughts, Maharaj Ji remembered the stories of ______ Lord Krishna and Radha Rani, gods who lived forever – they didn't die; they stayed in the song, in the prayer, he thought – standing up quickly, 'God's the one who's always there ____ when I'm happy, when I'm sad, they're always with me,' as my mother told me. Now Maharaj J head felt lighter, like a weight lifted off soon he watched his mother light the lamp, her calm face, and then he smiled back. By looking at his mother, Maharaj J said, 'I wanted to know more about God,' Maharaj J said again . 'I don't just want stories; I want him for real.'

महाराज जी मुड़ गए, उनका कंबल उनके चारों ओर उलझा हुआ था। महाराज जी ने अपने दोस्तों के बारे में, बाहर की गायों के बारे में, पेड़ों के बारे में सोचा-यह सब एक दिन खत्म हो जाएगा, धीरे-धीरे उनकी आँखें गीली होगी, लेकिन उन्होंने आँसू नहीं गिरने दिए; वे मन में उन विचारों को सोचते हुए बस वहीं और इधर-उधर लेट गए। अगली सुबह महाराज जी हमेशा की तरह जल्दी नहीं उठे, वे दरवाजे के पास बैठकर सूरज को उगते देख रहे थे, अब उनका मन सवालों से भरा हुआ था। गायें पास में बैठ गईं और कुत्ते भौंकने लगे, लेकिन उन्होंने उनकी आवाज नहीं सुनी। [कुछ ऐसा होना चाहिए जो बना रहे।] [कुछ ऐसा जो दूर नहीं जाता] महाराज जी ने पत्थर को लात मारते हुए अपने आप से कहा।

जैसे ही, गर्जन के विचारों की तरह, महाराज जी ने भगवान कृष्ण और राधा रानी की कहानियों को याद किया, देवता जो हमेशा जीवित रहे; वे गीत में रहे, प्रार्थना में, उन्होंने सोचा-जल्दी से खड़े होकर, 'भगवान वही हैं जो हमेशा मेरे साथ होते हैं जब मैं खुश होता हूं, जब मैं दुखी होता हूं, वे हमेशा मेरे साथ होते हैं,' जैसा कि मेरी माँ ने मुझे बताया। अब महाराज जे के सिर को हल्का महसूस हुआ, जैसे कि एक बोझ जल्द ही उठ गया, उन्होंने अपनी माँ को दीपक जलाते हुए, उनके शांत चेहरे को देखा, और फिर वे मुस्कुराए। महाराज जे ने अपनी माँ को देखकर कहा, "मैं भगवान के बारे में और जानना चाहता हूँ", महाराज जे ने फिर कहा। " "मुझे सिर्फ कहानियाँ नहीं चाहिए, मैं वास्तविक रूप से चाहता हूँ।"

Maharaj Ji was still young, still small, with dusty feet and messy hair, but something big woke up in him. School didn't matter as much now; playing felt less important now. Maharaj Ji just wanted to find God – the real God, the one in books. Maharaj Ji heard of Varanasi, a far city with a holy river called Ganga, a place full of temples people say where God exists, where everyone is close to God. [That's where I'll go], Maharaj Ji thought with bright eyes. I'll find my lord there.

महाराज जी अभी भी जवान थे, अभी भी छोटे, धूल भरे पैरों बालों वाले, लेकिन उनमें कुछ बड़ा जाग उठा। स्कूल अब उतना मायने नहीं रखता था; अब खेलना कम महत्वपूर्ण लग रहा था। महाराज जी बस भगवान को खोजना चाहते थे-असली भगवान, जो किताबों में हैं। महाराज जी ने गंगा नामक एक पवित्र नदी के साथ एक दूर के शहर वाराणसी के बारे में सुना, मंदिरों से भरा एक स्थान जहां लोग कहते हैं कि भगवान हैं, जहां हर कोई भगवान के करीब है।

(मैं वहीं जाऊंगा), महाराज जी ने चमकती आँखों से सोचा। मैं वहाँ अपने स्वामी को ढूंढ लूंगा।

Maharaj Ji's family didn't even know yet. Maharaj Ji mother called him for food soon after coming near to his mother, and sitting on the mat, he took a piece of roti. Looking at the road outside . leaving would be hard because as a child Maharaj Ji loved his mother's warm hand, his father's calm voice, and his elder brother's stories, but the spark in his heart was growing.

महाराज जी के परिवार को अभी तक पता भी नहीं था। महाराज जी अपनी माँ के पास आते ही उन्हें भोजन के लिए बुलाया, और चटाई पर बैठकर उन्होंने रोटी का एक टुकड़ा लिया। बाहर की सड़क को देखो। छोड़ना मुश्किल होगा क्योंकि एक बच्चे के रूप में महाराज जी को अपनी माँ का गर्मजोशी भरा हाथ, अपने पिता की शांत आवाज़ और अपने बड़े भाई की कहानियाँ पसंद थीं, लेकिन उनके दिल में चिंगारी बढ़ रही थी।

That evening, as the sun went down and the sky turned orange, Maharaj Ji stood by the house, staring at the path ahead. It was long and twisty. Even by this, Maharaj Ji felt scared but ready too, like standing at the edge of the river waiting to jump. Soon Maharaj ji said in a soft tone, 'I'll go soon.'

उस शाम, जैसे ही सूरज अस्त हुआ और आसमान नारंगी हो गया, महाराज जी घर के पास खड़े होकर आगे के रास्ते को देख रहे थे। इससे भी महाराज जी को डर लगता था, लेकिन वे तैयार भी थे, जैसे कि नदी के किनारे खड़े होकर कूदने का इंतजार कर रहे हों। महाराज जी ने धीरे से कहा, 'मैं जल्द ही जाऊंगा।'

A boy from Akhri Village was about to start a big journey, all from a small seed that grew to a large tree of wisdom that showed **lessons of life** to millions of people.

अखरी गाँव का एक लड़का एक बड़ी यात्रा शुरू करने वाला था, जो एक छोटे बीज से बढ़कर ज्ञान के बड़े पेड़ में बदल गया, जिसने लाखों लोगों को **जीवन के सबक** दिखाए।

Maharaj ji stood by the edge of the village, the place he called home all through his childhood. The sun was low, painting the sky orange and light red, and the air felt cold again on his face. Maharaj Ji dark hairs moved a little bit in the wind, and his thin hands felt tight on a small cloth bag, as inside its bag there were two pieces of roti which Maharaj Ji's mother made he is wearing a thin shirt and a tiny clay idol of Lord Krishna, which Maharaj Ji's brother had given him once. Maharaj ji heart beat fast like a bird flapping to get free, but his feet stayed still on the ground, stuck between staying and going.

महाराज जी गाँव के किनारे खड़े थे, जिस स्थान को अपना घर कहते थे। सूरज नीरस था, आकाश को नारंगी और हल्का लाल रंग दे रहा था, और हवा चेहरे पर फिर से ठंड महसूस की। महाराज जी के काले बाल हवा में थोड़े चले, और उनके पतले हाथ एक छोटे से कपड़े के थैले पर तंग महसूस हुए, क्योंकि थैले के अंदर रोटी के दो टुकड़े थे जो महाराज जी की माँ ने बनाए थे, उन्होंने एक पतली कमीज पहनी हुई है और भगवान कृष्ण की एक छोटी मिट्टी की मूर्ति थैले के अंदर , जिसे महाराज जी के भाई ने उन्हें एक बार दिया था। महाराज जी का हृदय मुक्त होने के लिए फड़फड़ाने वाले पक्षी की तरह तेजी से धड़कता, लेकिन उनके पैर जमीन पर स्थिर रहे,और जाने के बीच अटक गए।

The whole village is in the shades of quiet now. The cows were back in the shades chewing slowly on grasses, but the smoke still rises from the mud houses, dense up the sky, and the old elders under the trees had gone home now. Maharaj Ji looked back at his house and didn't make the will to move on.

पूरा गाँव अब खामोशी के छाया में है। गायें घास धीरे-धीरे चबाते हुए वापस आ गई थीं, लेकिन मिट्टी के घरों से धुआं अभी भी उठ रहा था, जिससे आसमान घना हो गया था, और पेड़ों के नीचे बूढ़े बुजुर्ग अब घर चले गए थे। महाराज जी ने पीछे मुड़कर अपने घर की ओर देखा और आगे बढ़ने की इच्छा नहीं की।

For a few days, Maharaj Ji had thought about it all the time, even since that night when he realised that everyone had to go one day; no one stayed here forever. In the end, I got alone, but Maharaj ji remembered the stories of Lord Krishna and Radha Rani and the prayers of the family and sang the way Maharaj Ji's mother said, "God is everywhere." And soon, the next day after the thunder thought, Maharaj Ji listened to a story about a city where Maharaj Ji was able to find who stayed forever: "his God". Maharaj Ji thought by kicking the stone with his bare foot, “I have to go there.”

कुछ दिनों तक महाराज जी ने हर समय इसके बारे में सोचा, उस रात से जब उन्हें एहसास हुआ कि सभी को एक दिन जाना है, कोई भी यहां हमेशा के लिए नहीं रहा। अंत में, मैं अकेला रह गया, लेकिन उन्होंने भगवान कृष्ण और राधा रानी की कहानियों और परिवार की प्रार्थनाओं को याद किया और जिस तरह से महाराज जी की माँ ने कहा, "भगवान हर जगह हैं", और जल्द ही, अगले दिन गरज के विचार के बाद, महाराज जी ने एक शहर के बारे में कहानी सुनी, जहाँ महाराज जी को वह मिलेगा जो हमेशा के लिए रहाः "भगवान"। महाराज जी ने अपने नंगे पैर से पत्थर पर लात मारकर सोचा, "मुझे वहाँ जाना है।"

But leaving wasn’t easy as because Maharaj Ji loved his home so much _____ the smell of warm roti, Maharaj Ji’s mother’s soft voice, the clicks of his father’s beads, and Maharaj Ji’s elder brother’s stories that made every night so special. Maharaj Ji had two options: the safe and familiar home or Varanasi, which is so far and so painful to get to. The days are getting passed away like the flow of time, but Maharaj Ji still doesn’t know what to do. Maharaj Ji had just a small bag but a big feeling in his chest that pushed Maharaj Ji to choose the stronger and wiser path.

लेकिन जाना आसान नहीं था क्योंकि महाराज जी अपने घर से इतना प्यार करते थे - गर्म रोटी, महाराज जी की माँ की कोमल आवाज़, उनके पिता के मोतियों की क्लिक और महाराज जी के बड़े भाई की कहानियाँ जो हर रात को इतना खास बना देती थीं। महाराज जी के पास दो विकल्प थेः सुरक्षित और परिचित घर या

वाराणसी, जहां तक पहुंचना मुश्किल और दर्दनाक है। समय के प्रवाह की तरह दिन बीत रहे थे, लेकिन महाराज जी अभी भी नहीं जानते कि क्या करना है। महाराज जी के सीने में सिर्फ एक छोटा सा थैला था लेकिन एक बड़ी भावना थी जिसने महाराज जी को मजबूत और बुद्धिमान रास्ता चुनने के लिए प्रेरित किया।

The night when Maharaj Ji stood near his muddy house, Maharaj Ji made up his mind about what to do next. Now Maharaj Ji woke early before all the villagers, and as before, he sat by the door, watching the sky turning light slowly soon a beam of light came over his face. Maharaj Ji's mother lit the lamp and smiled at him like always, and then she said with a soft voice, "Son wants to eat something." Then Maharaj Ji just thought, "My mother would cry for me." And then Maharaj Ji's mother just looked over him, acting like she knew something, but she didn't ask, but Maharaj Ji mother gave him a piece of roti. Maharaj Ji ate slowly by staring at the road.

जिस रात महाराज जी अपने घर के पास खड़े थे महाराज जी ने मन बना लिया कि आगे क्या करना है। अब महाराज जी सभी गाँव वालों से जल्दी उठ गए, और पहले की तरह, वे दरवाजे के पास बैठ गए, आकाश को धीरे-धीरे चमकता हुआ देखते हुए जल्द ही उनके चेहरे पर प्रकाश की किरण आ गई। महाराज जी की माँ ने दीपक जलाया और हमेशा की तरह उन पर मुस्कुराईं, और फिर उन्होंने कोमल आवाज़ में कहा, "बेटा कुछ खाना चाहता है।" तब महाराज जी ने सोचा, "मेरी माँ मेरे लिए रोएंगी।" और फिर महाराज जी की माँ ने बस उनकी ओर देखा, ऐसा लग रहा था कि उन्हें कुछ पता है, लेकिन उन्होंने नहीं पूछा, लेकिन महाराज जी की माँ ने उन्हें रोटी का एक टुकड़ा दिया। महाराज जी ने सड़क की ओर देखते हुए धीरे-धीरे खाना खाया।

Maharaj Ji waited all day; acting normal, he went to school, sat on the shaky bench, and listened to his teacher so pleasantly. Maharaj Ji's friends laughed and played outside by kicking their cloth ball, but Maharaj Ji stayed quiet. "Tonight," Maharaj Ji told himself, wiping sweat off his face, "when they all sleep, I'll go from here without hurting my mother, father, and brother's feelings." Maharaj Ji's decision was so hard, as by looking at his age, but he finally made up his mind to choose the path of God. The sun moved slowly, and Maharaj Ji got back to his home after school.

महाराज जी ने सारा दिन इंतजार किया; सामान्य व्यवहार करते हुए, वे स्कूल गए, डगमगाती बेंच पर बैठे, और अपने शिक्षक की बात बहुत सुखद ढंग से सुनी। महाराज जी के दोस्त कपड़े की गेंद को लात मारकर बाहर खेल रहे थे, लेकिन महाराज जी चुप रहे। "आज रात", महाराज जी ने अपने चेहरे से पसीना पोंछते हुए खुद से कहा, "जब वे सब सो जाएँगे, मैं अपनी माँ, पिता और भाई की भावनाओं को आहत किए बिना यहाँ से चला जाऊँगा।" महाराज जी का निर्णय इतना कठिन था कि उनकी उम्र को देखते हुए उन्होंने अंततः भगवान का मार्ग चुनने का मन बना लिया। सूरज धीरे-धीरे निकला और महाराज जी स्कूल के बाद अपने घर लौट आए।

After coming back home, Maharaj Ji helped his mother; he carried water from the well while Maharaj Ji's mother hummed a song about Lord Krishna. After seeing his mother, Maharaj Ji smiled quietly and memorised her voice. Soon after, some hours later, the family sat together in front of a yellow lamp eating roti with daal. After this, as per the regular flow, Maharaj Ji's father again started memorizing God's name, and his brother read the story about a boy who crossed a river to find out the truth. Maharaj Ji and his whole family listened carefully. Suddenly, Maharaj Ji's heart pounded, and he just said in his mind, 'That's me,' while looking at the lamp's small flame.

घर लौटने के बाद, महाराज जी ने अपनी माँ की मदद की; उन्होंने कुएं से पानी उठाया, जबकि महाराज जी की माँ ने भगवान कृष्ण के बारे में एक गीत गाया। अपनी माँ को देखने के बाद महाराज जी चुपचाप मुस्कुराए और उनकी आवाज़ को याद किया। इसके कुछ घंटों बाद, परिवार एक दीपक के सामने एक साथ बैठ गया और दाल के साथ रोटी खा रहा था। इसके बाद, नियमित प्रवाह के अनुसार, महाराज जी के पिता ने फिर से भगवान का नाम याद करना शुरू कर दिया, और उनके भाई ने एक लड़के की कहानी पढ़ी जिसने सच्चाई का पता लगाने के लिए नदी पार की। महाराज जी और उनका पूरा परिवार ध्यान से सुनता था। अचानक, महाराज जी का दिल धड़कने लगा, और उन्होंने दीपक की छोटी सी लौ को देखते हुए अपने दिमाग में कहा, 'यह मैं हूं'।

Night came so fast, and the stars popped out into the dark. All the stars looked so bright and sharp as regular crickets sang outside. Maharaj Ji lay on his mat, waiting to his family slept, and for the right time, slowly, after a few hours, at about three am, Maharaj Ji got up slowly and carefully, not to make noise. Maharaj Ji grabbed his bag and moved to the door the clay floor felt so cold under his feet. Maharaj Ji looked back one last time, and by looking at his family, Maharaj Ji whispered, a promise, “I’ll be good.”

Maharaj Ji stepped outside, and the night air hit his face. The village was dark and so quiet. Maharaj Ji took a deep breath, smelling the earth and his muddy house for the last time by looking to the rough road filled with many pointed stones and rocks.

रात इतनी जल्दी आ गई, और तारे अंधेरे में बाहर निकल आए। सभी सितारे इतने चमकीले और तेज लग रहे थे कि बाहर क्रिकेट गा रहे थे। महाराज जी अपनी चटाई पर लेट गए, अपने परिवार

का इंतजार करते हुए सो गए, और सही समय के लिए, धीरे-धीरे, कुछ घंटों के बाद, लगभग तीन बजे, महाराज जी शोर न करते धीरे-धीरे और ध्यान से उठे। महाराज जी ने अपना थैला पकड़ लिया और दरवाजे पर चले गए, उनके पैरों के नीचे मिट्टी का फर्श बहुत ठंडा महसूस कर रहा था। महाराज जी ने आखिरी बार पीछे मुड़कर देखा और अपने परिवार को देखकर महाराज जी ने फुसफुसाते हुए कहा, "मैं ठीक रहूंगा।"

महाराज जी ने बाहर कदम रखा और रात की हवा उनके चेहरे पर आ गई। गाँव में अंधेरा और सन्नाटा था। महाराज जी ने नुकीले पत्थरों और चट्टानों से भरी उबड़-खाबड़ सड़क को देखकर आखिरी बार घर को सूंघते हुए एक गहरी सांस ली।

Maharaj Ji's bag bounced on his back, light but heavy with meaning. Before Maharaj Ji started walking, suddenly a sweet voice came [You grew up by your age, my son]. A gentle voice came from the side of Maharaj Ji's mother. Soon, by looking at her son, Maharaj Ji's mother said in a gentle way, 'You're on the path of wisdom, a path which is defined by your grandfather.' Soon after hearing those words from his mother's mouth, Maharaj Ji further said, 'I just wanted to find my God. I wanted to immerse myself in the glimpses of who is invincible. I think I understand, Mother, what my journey is. I wanted to find my Lord.' By listening to those lines, Maharaj Ji's mother said, 'I can understand. Always believe in you, my son. Be like your grandfather. Remember from where you started and why. May God always be with you, my son.'

महाराज जी का थैला उनकी पीठ पर उछला, हल्का लेकिन अर्थ के साथ भारी। महाराज जी के चलने से पहले, अचानक एक मीठी आवाज़ आई [तुम अपनी उम्र से बड़े हो गए, मेरे बेटे]। महाराज जी की माँ की ओर से एक कोमल आवाज आई। जल्द ही, अपने बेटे

को देखकर, महाराज जी की माँ ने कोमलता से कहा, 'आप ज्ञान के मार्ग पर हैं, एक ऐसा मार्ग जो आपके दादा द्वारा परिभाषित किया गया है।' अपनी माँ के मुँह से उन शब्दों को सुनने के तुरंत बाद, महाराज जी ने आगे कहा, 'मैं बस अपने भगवान को खोजना चाहता चाहता हू मैं खुद को इन झलकियों में विसर्जित करना चाहता हू कि कौन अजेय है। मुझे लगता है कि मैं समझता हूं, माँ, मेरी यात्रा क्या है। मैं अपने प्रभु को ढूंढना चाहता हू । उन पंक्तियों को सुनकर महाराज जी की माँ ने कहा, 'मैं समझ सकती हूँ। हमेशा तुम पर विश्वास करो, मेरे बेटे। अपने दादा की तरह बनें। याद रखें कि आपने कहाँ से शुरुआत की और क्यों। भगवान हमेशा आपके साथ रहे, मेरा बेटा।

After meeting his mother, his son followed the path of wisdom with lots of pain, twisting through long trees and large fields. Maharaj Ji slowly moved forward by taking water into his eyes after looking at the face of his mother but whispering God's name, like his mother. The stars watched him quietly and shining. Maharaj Ji passed the river where he played, its water shining black and light silver under the sky. Maharaj Ji's heart felt big scared but excited, everything at once.

उनकी माँ से मिलने के बाद, उनका बेटा लंबे पेड़ों और बड़े खेतों में घूमते हुए बहुत दर्द के साथ ज्ञान के मार्ग पर चला। महाराज जी अपनी माँ के चेहरे को देखने के बाद अपनी आँखों में पानी लेकर धीरे-धीरे आगे बढ़े, लेकिन अपनी माँ की तरह भगवान का नाम फुसफुसाया। तारे उन्हें चुपचाप और चमकते हुए देख रहे थे। महाराज जी उस नदी को पार करते थे जहाँ वे खेलते थे, उसका पानी आकाश के नीचे काले और हल्के चांदी से चमक रहा था।

महाराज जी का मन बहुत डरा हुआ लेकिन उत्साहित महसूस कर रहा था, सब कुछ एक साथ।

Hours passed and the night grew lighter. Maharaj Ji's feet were getting hurt a bit, and Maharaj Ji's stomach rumbled, but he thought that this is just a start; I have to move forward. Maharaj Ji took his feet to the front direction. Soon after half an hour, Maharaj Ji took a small piece of roti from his bag and ate it. The road got wider, joining another path, and Maharaj ji saw lights far ahead. 'Maybe [a town or something more],' Maharaj Ji told himself, wiping sweat off his face.

घंटे बीतते गए और रात हल्की होती गई। महाराज जी के पैरों में थोड़ी थकान लग रही थी, और महाराज जी का पेट कांप रहा था, लेकिन उन्होंने सोचा कि यह सिर्फ एक शुरुआत है, मुझे आगे बढ़ना है। महाराज जी अपने पैर आगे की दिशा में ले गए। आधे घंटे के बाद, महाराज जी ने अपने थैले से रोटी का एक छोटा टुकड़ा लिया और उसे खाया। सड़क चौड़ी होती गई, दूसरे रास्ते से जुड़ गई, और महाराज जी ने आगे रोशनी देखी। महाराज जी ने अपने चेहरे का पसीना पोंछते हुए खुद से कहा, "हो सकता है [कोई शहर या कुछ और]।"

Slowly the morning light covered the dark and light blue sky. Suddenly Maharaj Ji heard something: ______ wheels creaking. Slowly and heavily a bullock cart rolled near him, an old man holding the reins. His face was wrinkled, and his eyes were sharp. He was looking for something different but giving off a positive feeling. Then the old man smiled and said in a calm tone, “Where are you going, my son?” Maharaj Ji stopped, his heart beating fast, but in a little voice, Maharaj Ji said, “Varanasi.” Then the old man looked over him and then said in the same tone, “No shoes, no food, a small bag, but a far place. Come in my cart; I'm going nearby."

धीरे-धीरे सुबह की रोशनी ने काले और हल्के नीले आसमान को ढक लिया। अचानक महाराज जी ने कुछ सुनाः पहिये टूट रहे थे। धीरे-धीरे और भारी एक बैलगाड़ी उनके पास लुढ़की, एक बूढ़ा आदमी बागडोर पकड़े हुए था। उनके चेहरे पर झुर्रियाँ पड़ गई थीं और उनकी आँखें तीखी थीं। वह कुछ अलग लेकिन एक सकारात्मक भावना दे रहे थे। फिर बूढ़े आदमी ने मुस्कुराते हुए शांत स्वर में कहा, "बेटा, कहाँ जा रहा है?" महाराज जी रुक गए, उनका हृदय तेजी से धड़क रहा था, लेकिन थोड़ी सी आवाज़ में महाराज जी ने कहा, "वाराणसी।" फिर बूढ़े आदमी ने उनकी ओर देखा और फिर उसी स्वर में कहा, "कोई जूते नहीं, कोई भोजन नहीं, एक छोटा सा थैला, लेकिन एक दूर की जगह। मेरी गाड़ी में आओ, मैं पास जा रहा हूँ।

Maharaj Ji climbed up, the cart swaying as it moved. The old man didn't talk much, just hummed a tune. Here Maharaj Ji sat quietly watching the road; the trees passed slowly, their branches looking so dense even in morning light. By looking at the trees, Maharaj Ji thought of his mother and father and about his elder brother. With wet eyes, Maharaj Ji soon said in his mind, 'I have to do this.' He hugged his bag close, the Lord Krishna idol pressing into his chest.

महाराज जी ऊपर चढ़ गए, गाड़ी जैसे-जैसे आगे बढ़ रही थी, वह हिल रही थी। बूढ़ा आदमी ज्यादा बात नहीं करता, बस एक धुन गुनगुनाता । यहाँ महाराज जी चुपचाप बैठ सड़क देख रहे थे; पेड़ धीरे-धीरे गुजर रहे थे, उनकी डालियाँ सुबह की रोशनी में भी इतनी घनी लग रही थीं। पेड़ों को देखकर महाराज जी ने अपने माता-

पिता और अपने बड़े भाई के बारे में सोचा। गीली आँखों से महाराज जी ने जल्द ही अपने मन में कहा, 'मुझे यह करना है।' उन्होंने अपने थैले को गले लगा लिया, भगवान कृष्ण की मूर्ति उनकी छाती में दब गई।

The cart rattled on, taking Maharaj Ji far from his village. Suddenly the old man stopped near a small town, pointing ahead. "Keep that way; Varanasi is a bit far," he said, and by listening to this, Maharaj Ji jumped down and held his hands together to say thank you to the old man. After this, all the Maharaj Ji started walking again to where the morning light came from.

गाड़ी चल रही थी, महाराज जी को उनके गाँव से बहुत दूर ले जा रही थी। अचानक वह बूढ़ा आदमी आगे की ओर इशारा करते हुए एक छोटे से शहर के पास रुका। उन्होंने कहा, "वैसे ही रहो, वाराणसी थोड़ी दूर है", और यह सुनकर महाराज जी नीचे कूद पड़े और बूढ़े आदमी को धन्यवाद कहने के लिए हाथ जोड़ लिए। इसके बाद महाराज जी फिर से वहाँ चलने लगे जहाँ से सुबह की रोशनी आती ।

In the same way, for many days, serving on a single roti, Maharaj Ji walked when the sun was up and slept under the trees when it got dark. Even within two days, his roti disappeared, so he drank water from streams. Maharaj Ji's stomach was empty but full of God's presence. People passed him, like farmers, traders, and women with pots. Some started to ignore him, but not all. On another day, a lady with kind eyes gave Maharaj Ji a mango looking so sweet and fresh. Maharaj Ji thanked the lady so much by holding their hands together and started eating the fruit in a fast manner because of his hunger. After eating, Maharaj Ji kept going on the path of God.

इसी तरह, कई दिनों तक, एक ही रोटी पर परोसने के लिए, महाराज जी सूरज उगने पर चलते थे और अंधेरा होने पर पेड़ों के नीचे सोते थे। दो दिन के भीतर ही उनकी रोटी गायब हो गई, इसलिए उन्होंने नदियों का पानी पिया। महाराज जी का पेट खाली था लेकिन भगवान की उपस्थिति से भरा हुआ। किसानों, व्यापारियों और बर्तनों वाली महिलाओं की तरह लोग उनके पास से गुजरते । कुछ लोग नजरअंदाज करने लगे, लेकिन सभी नहीं। एक दिन, दयालु आँखों वाली एक महिला ने महाराज जी को मीठा और ताज़ा दिखने वाला आम दिया। महाराज जी ने महिला को हाथ जोड़कर बहुत-बहुत धन्यवाद दिया और अपनी भूख के कारण तेजी से फल खाने लगे। भोजन के बाद महाराज जी ईश्वर के मार्ग पर चलते रहे।

After about 21 hard days of walking and survival, Maharaj Ji came to the main road of Varanasi. The road got busier and dustier. Sometimes Maharaj Ji saw many carts and people, big walls and roofs far off, and by looking at them, Maharaj Ji's heart jumped in excitement. And then, just suddenly, Maharaj Ji got the view of the holy river **Ganges,** so wide and shining, its water catching the sun, and the large temples lined its edge, their bells ringing so loudly. By watching heaven, Maharaj Ji stopped and said in his mind, "I'm here. I made it finally."

लगभग 21 दिनों के कठिन पैदल चलने और जीवित रहने के बाद, महाराज जी वाराणसी के मुख्य मार्ग पर आए। सड़क व्यस्त और धूल भरी हो गई। महाराज जी ने कई गाड़ियों और लोगों, बड़ी-बड़ी दीवारों और छतों को दूर देखा, और उन्हें देखकर महाराज जी का दिल रोमांच से उछल पड़ा। और फिर, अचानक, महाराज जी को पवित्र नदी गंगा का दृश्य दिखाई दिया, जो इतनी चमकती, पानी

सूरज को पकड़ता, और बड़े-बड़े मंदिर किनारे पर कतारबद्ध थे, उनकी घंटियाँ ज़ोर से बज रही थीं। स्वर्ग को देखकर महाराज जी रुक गए और अपने मन में कहा, "मैं यहाँ हूँ। आखिरकार मैंने हासिल कर लिया।

Maharaj ji stood by the river, wind in his hair, bag on his back. He'd left everything at home – family, friends – for God. The water looked so glory, and then just a voice came: "I'm here for you, my lord." Maharaj Ji's voice was small, but his heart was so big, running towards something he couldn't see yet: **Varanasi**.

महाराज जी नदी के किनारे खड़े थे, उनके बालों में हवा, उनकी पीठ पर थैला। उन्होंने सब कुछ-परिवार, दोस्त-भगवान के लिए छोड़ दिया था। पानी इतना चमकता दिख रहा था, और फिर बस एक आवाज़ आईः "मैं तुम्हारे लिए यहाँ हूँ, मेरे स्वामी।" महाराज जी की आवाज़ छोटी थी, लेकिन उनका दिल इतना बड़ा था कि वे किसी ऐसी चीज़ की ओर दौड़ रहे थे जिसे वे अभी तक नहीं देख सकते थेः **वाराणसी**।

Chapter 3 Varanasi : City of Lord Shiva

Maharaj Ji is now standing on the edge of Varanasi; his dusty feet from a long walk from a long journey feel so pleasant while standing on the ground of the holy city of Varanasi. The Ganges River floats so shiny in the sun's brightness, its water moving so slowly under the morning sunlight. He was a thirteen-year-old boy with a thin body and dark hair falling over his eyes, getting a small cloth bag hung off his shoulder, ready to dive into the glory of his God's city, with lots of hope in his eyes that shine so bright by watching the holy city Varanasi.

महाराज जी अब वाराणसी के किनारे पर खड़े हैं; लंबी यात्रा से लंबी पैदल यात्रा से उनके धूल भरे पैर पवित्र शहर वाराणसी की जमीन पर खड़े होकर बहुत सुखद महसूस करते हैं। गंगा नदी सूरज की चमक में चमकीली तैरती है, पानी सुबह की धूप में धीरे-धीरे आगे बढ़ता है। वह एक तेरह वर्षीय लड़का था, जिसका शरीर पतला और उसकी आँखों पर काले बाल गिर रहे थे, अपने कंधे से एक छोटा सा कपड़े का थैला लटका, अपने भगवान के शहर की महिमा में

डुबकी लगाने के लिए तैयार था, उसकी आँखों में बहुत सारी आशा थी जो पवित्र शहर वाराणसी को देखकर चमक रही थी।

Maharaj Ji seemed so excited by watching the holy city Varanasi. It was so loud and massive and gave off a positive vibe, which gave Maharaj Ji the presence of God by watching hundreds of people in crowded streets. All the men in white, orange, and yellow cloths looked so divine in the glory of God, as well as all the women with muddy pots near the holy river, while kids were running around in joy and happy mood. Many carts were filled with flowers and fresh fruits, and the riverbank looked so busy and positive.

महाराज जी पवित्र शहर वाराणसी को देखकर बहुत उत्साहित लग रहे थे। यह इतना जोरदार और विशाल था और इसने सकारात्मक भाव दिया, जिसने महाराज जी को भीड़-भाड़ वाली सड़कों पर सैकड़ों लोगों को देखकर भगवान की उपस्थिति दी। सफेद, नारंगी और पीले कपड़ों में सभी पुरुष भगवान की महिमा में दिव्य लग रहे थे, साथ ही पवित्र नदी के पास बर्तन वाली महिलाएं, जबकि बच्चे खुशी और खुशी के मूड में इधर-उधर भाग रहे थे। कई गाड़ियाँ फूलों और ताजे फलों से भरी हुई थीं, और नदी का तट व्यस्त और सकारात्मक लग रहा था।

Maharaj Ji had already heard about the Ganga river before in his village from his elder brother's book that said very pleasantly there is a holy river, a place where people come to clean their hearts and to find their life's intention, and this is what Maharaj Ji always wanted – to get close to his lord. Maharaj Ji slowly walked down the steps; just by touching the ground, his feet felt so cold but fresh, and then just the water of the river flowed near to Maharaj Ji's feet. Then slowly Maharaj Ji got down on his knees, dipped his hands into the water, and splashed it on his face; the water felt so cool, like a hug from God.

महाराज जी ने अपने गाँव में गंगा नदी के बारे में अपने बड़े भाई की पुस्तक से पहले ही सुना था, जिसमें कहा गया था कि बहुत ही सुखद रूप से एक पवित्र नदी है, एक ऐसी जगह जहाँ लोग अपने दिलों को साफ करने और अपने जीवन के इरादे को खोजने के लिए आते हैं, और महाराज जी हमेशा यही चाहते थे-अपने स्वामी के करीब जाना। महाराज जी धीरे-धीरे सीढ़ियों से नीचे उतरते गए; बस जमीन को छूते ही उनके पैर ठंडे लेकिन ताजे महसूस हुए, और फिर नदी का पानी महाराज जी के चरणों के पास बहने लगा। फिर धीरे-धीरे महाराज जी अपने घुटनों पर बैठ गए, अपने हाथ पानी में डुबोए, और अपने चेहरे पर छिड़के; पानी इतना ठंडा लग रहा था, जैसे भगवान ने उसे गले लगा लिया हो।

“I'll stay here,” Maharaj Ji decided by looking at the river. He didn't have a plan, no money, no food, just a small cloth bag and a holy clay idol of Lord Krishna. Maharaj ji wasn't scared by looking his age at something new, a crowd, or where no one knew him because Maharaj ji seemed to be listening to the holy river Ganges, “Stay with me.” Maharaj Ji looked around and found a spot by the steps down at the corner. Slowly Maharaj Ji moved forward to there and sat down and watched the water move so pleasantly, on which the boats floated like white swans made of good-quality wood.

"मैं यहीं रहूंगा", महाराज जी ने नदी को देखते हुए फैसला किया। उनके पास कोई योजना नहीं, कोई पैसा नहीं थे, भोजन नहीं था, बस एक छोटा सा कपड़े का थैला और भगवान कृष्ण की पवित्र मिट्टी की मूर्ति थी। महाराज जी अपनी उम्र को कुछ नया, भीड़, या

जहां उन्हें कोई नहीं जानता था, देखने से नहीं डरते थे क्योंकि महाराज जी पवित्र नदी गंगा को सुन रहे थे, "मेरे साथ रहो।" महाराज जी ने चारों ओर देखा और सीढ़ियों के नीचे कोने में एक जगह पाई। धीरे-धीरे महाराज जी वहाँ आगे बढ़े और बैठ गए और पानी को इतने सुखद ढंग से चलते हुए देखा, जिस पर नावें अच्छी गुणवत्ता वाली लकड़ी से बने सफेद हंसों की तरह तैरती।

As like the time days turn into months, Maharaj Ji made the holy river his home. Maharaj Ji every morning woke with a hope that he was now so close to his God. Maharaj Ji, as usual, walked to the edge of the river and then took off the shirt and stepped into the river. Maharaj ji felt the river water so cold and fresh, but he liked it so much. Maharaj ji dipped about three times, once for his body, once for his soul and once for God. “This keeps me clean, my lord,” Maharaj ji thought, getting into his mind that each splash felt like a new start.

जैसे दिन महीनों में बदल जाते हैं, महाराज जी ने पवित्र नदी को अपना घर बना लिया। महाराज जी हर सुबह इस उम्मीद के साथ जागते थे कि अब वे अपने भगवान के इतने करीब हैं। महाराज जी हमेशा की तरह नदी के किनारे चले गए और फिर शर्ट उतारकर नदी में कदम रखा। महाराज जी ने नदी का पानी ठंडा और ताज़ा महसूस किया, लेकिन उन्हें यह बहुत पसंद आया। महाराज जी ने लगभग तीन बार डुबकी लगाई, एक बार अपने शरीर के लिए, एक बार अपनी आत्मा के लिए और एक बार भगवान के लिए। "यह मुझे साफ रखता है, मेरे स्वामी", महाराज जी ने अपने दिमाग में आते हुए सोचा कि हर स्पलैश एक नई शुरुआत की तरह लगता है।

Survival for Maharaj ji is a bit harder because of food, as Maharaj ji accepted **Aakashvriti**, which means accepting only what is offered by the mercy of God, and because of this, Maharaj ji's body got thinner, and his arms are getting like sticks, but his eyes stayed so bright with hope. Maharaj ji sits by the riverbank, feeling the sun warm while talking to his lord in his mind: "My dear god, please always be with me. I'm your child. I'll always pray to you. I'm always thankful for your mercy, for your kindness, for your divine wisdom, for directing me, for showing me what my journey is."

भोजन के कारण महाराज जी के लिए जीवित रहना थोड़ा कठिन हो जाता है, क्योंकि महाराज जी ने आकाशवृत्ति को स्वीकार किया, जिसका अर्थ है केवल भगवान की कृपा से चढ़ाई गई चीज़ों को स्वीकार करना, और इस वजह से महाराज जी का शरीर पतला हो गया, और उनकी बाहें लाठियों की तरह हो रही हैं, लेकिन उनकी आँखें आशा से चमक रही थीं। महाराज जी नदी के किनारे बैठते हैं, सूरज को अपनी त्वचा को गर्म महसूस करते हुए अपने स्वामी से बात करते हुएः "मेरे प्यारे भगवान, कृपया हमेशा मेरे साथ रहें। में आपका पुत्र हूँ। मैं हमेशा आपसे प्रार्थना करता रहूंगा। मैं हमेशा आपकी दया के लिए, आपकी दया के लिए, आपके दिव्य ज्ञान के लिए, मुझे निर्देशित करने के लिए, मुझे यह दिखाने के लिए आभारी हूं कि मेरी यात्रा क्या है।

Maharaj Ji always waited for the mercy of his god on him by thinking [God knows I'm here]. And somehow, like a miracle, food always came near to Maharaj Ji in the form of fresh fruit and Prasaad, but just enough to keep him going for survival for meditation. The feels so long and cold sometimes when the sun goes down. Varanasi turns quiet, except for the bells and chants. Maharaj Ji sleeps on the hard steps with the bag under his head; the rough stone of the steps feels so hard, and the air makes it colder. Maharaj Ji thinks about his mother, with tears in his lotus-like eyes: “ I think my mother much thinking about me about how I am now. I wish my family would always be safe and happy.” Maharaj Ji’s heart hurts a lot by thinking about his family, but soon he understands that “I’m on my journey to find my God, and this is my glorious destiny.”

महाराज जी हमेशा यह सोचकर अपने भगवान की दया का इंतजार करते थे [भगवान जानते है कि मैं यहाँ हूँ]। और किसी तरह, एक चमत्कार की तरह, भोजन हमेशा ताजे फल और प्रसाद के रूप में महाराज जी के पास आता, लेकिन ध्यान के लिए उन्हें जीवित रखने के लिए पर्याप्त। सूरज डूबने पर कभी-कभी बहुत ठंडा महसूस होता है। घंटियाँ और मंत्रों को छोड़कर वाराणसी शांत हो जाती। महाराज जी सीढ़ियों पर अपने सिर के नीचे थैले के साथ सोते; सीढ़ियों का खुरदरा पत्थर इतना कठोर महसूस करता, और हवा इसे ठंडा बनाती। महाराज जी कमल जैसी आँखों में आँसू लिए अपनी माँ के बारे में सोचते "मुझे लगता है कि मेरी माँ मेरे बारे में बहुत सोचती होगी कि मैं अब कैसा हूं। मैं चाहता हूं कि मेरा परिवार हमेशा सुरक्षित और खुशहाल रहे। अपने परिवार के बारे में सोचकर महाराज जी का दिल बहुत दुखता, लेकिन जल्द ही वह समझ जाते है कि "मैं अपने भगवान को खोजने के लिए अपनी यात्रा पर हूँ, और यह मेरी गौरवशाली नियति है।"

Sometimes rain came with heavy water drops and a challenge for surviving, which made Maharaj Ji’s path much more difficult, but he never kneeled down and lost hope with the thought of God. Maharaj Ji made his will so strong and always prepared himself; whenever the rain happened, Maharaj Ji hid under the tree or a temple roof, but this didn’t help much, as the shirt soaked up the water and turned wet and cold, but Maharaj Ji never lost the hope of finding his true intention in life by thinking,

“Keep me strong, my god.” Soon after the heavy rain, Maharaj Ji shook off the water from the shirt and sat back down on the stairs and waited for the sun.

कभी-कभी बारिश भारी पानी की बूंदों जीवित रहने की चुनौती के साथ आती थी, जिससे महाराज जी का रास्ता और भी कठिन हो जाता था, लेकिन वे कभी भी घुटने नहीं टेकते थे और भगवान के विचार से आशा रखते। महाराज जी ने अपनी इच्छाशक्ति को इतना मजबूत बनाया और हमेशा खुद को तैयार किया; जब भी बारिश होती थी, महाराज जी पेड़ या मंदिर की छत के नीचे छिप जाते थे, लेकिन इससे ज्यादा फायदा नहीं होता था, क्योंकि शर्ट पानी को भिगो देती थी और गीली और ठंडी हो जाती थी, लेकिन महाराज जी ने यह सोचकर जीवन में अपने सच्चे इरादे को खोजने की उम्मीद कभी नहीं छोड़ी, "भगवान, मुझे मजबूत रखें"। भारी बारिश के तुरंत बाद महाराज जी ने कमीज से पानी निकाला और सीढ़ियों पर बैठ गए और सूरज की प्रतीक्षा की।

After many months people noticed Maharaj Ji, a skinny boy by the river, always there, but some of them ignored him, but others stopped and were curious about how a young boy could be so divine in the glory of God. An old man with a white beard sat near him one day, taking a wooden stick, and then just after sitting, he said, “You live here?” Then, just after hearing the question, Maharaj Ji replied, “For God,” in a simple manner, and then, just by hearing this, the old man smiled a little and walked off from there.

कई महीनों के बाद लोगों ने देखा कि नदी के किनारे एक पतला लड़का [महाराज जी] हमेशा वहाँ रहते थे, लेकिन उनमें से कुछ ने उन्हें नजरअंदाज कर दिया, लेकिन अन्य रुक गए और उत्सुक थे

कि एक छोटा लड़का भगवान की महिमा में इतना दिव्य कैसे हो सकता है। एक दिन सफेद दाढ़ी वाला एक बूढ़ा आदमी पास बैठा, एक लकड़ी की छड़ी लेकर, और फिर बैठने के तुरंत बाद, उसने कहा, "तुम यहाँ रहते हो ?" फिर, सवाल सुनने के तुरंत बाद, महाराज जी ने सरल तरीके से जवाब दिया, "भगवान के लिए", और फिर, यह सुनकर, बूढ़ा आदमी थोड़ा मुस्कुराया और वहाँ से चला गया।

Maharaj ji liked watching the riverbank so much. Men in orange cloths prayed loudly by getting hands up in the sky, and the kids ran around laughing, throwing stones into the holy river Ganges. The boats moved so quietly, carrying people from here and there; the smoke got up from the hawan kund, and the bells kept ringing with a sound that never stopped and always gave the positive vibe that made a person feel close to god. Maharaj ji also felt the same; the noise, the life, and the holy river mixed together into his heart while he smiled small.

महाराज जी को नदी का तट देखना बहुत पसंद था। नारंगी कपड़ों में पुरुष आकाश में हाथ उठाकर जोर से प्रार्थना कर रहे थे, और बच्चे हंसते हुए इधर-उधर भाग रहे थे, पवित्र नदी गंगा में पत्थर फेंक रहे थे। नावें इतनी चुपचाप चलती थीं, लोगों को इधर-उधर ले जाती थीं; हवन कुंड से धुआं उठता , और घंटियाँ एक ऐसी आवाज़ के साथ बजती रहती थीं जो कभी नहीं रुकती और हमेशा सकारात्मक कंपन देती जिससे व्यक्ति को भगवान के करीब महसूस होता था। महाराज जी को भी ऐसा ही लगा; शोर, जीवन और पवित्र नदी उनके दिल में घुल-मिल गए, जबकि वे छोटी सी मुस्कुराहट दे रहे थे।

Maharaj Ji, by the moving time, started praying more and more, not just in his head but also through his soul. Maharaj Ji sits by the water, taking the hands together and praying so loud and presently, "Oh my lord, always be with me. My god, my god, I'm your child." Maharaj Ji's soft voice was always lost in the crowd, but he didn't care because Maharaj Ji knew that his lord always listened to him. Maharaj Ji felt so close to God each time while praying.

महाराज जी, बदलते समय तक, अधिक से अधिक प्रार्थना करने लगे, न केवल उनके सिर में बल्कि उनकी आत्मा के माध्यम से भी। महाराज जी पानी के किनारे बैठते हैं, हाथ जोड़कर और जोर से प्रार्थना करते हैं , "हे मेरे स्वामी, हमेशा मेरे साथ रहें। मेरे भगवान, मेरे भगवान, मैं तुम्हारा हूँ। महाराज जी की कोमल आवाज हमेशा भीड़ में खो जाती थी, लेकिन उन्हें परवाह नहीं थी क्योंकि महाराज जी जानते थे कि उनके स्वामी हमेशा उनकी बात सुनते है। महाराज जी प्रार्थना करते समय हर बार भगवान के करीब महसूस करते।

Soon the months turned into years, and here Maharaj Ji is now fully lost in the shine of the holy city of Lord Shiva as the sun rises and drops, but here Maharaj Ji's hair grew longer and the skin turned dark from the sun, and by the flow of time, Maharaj Ji's shirt got holes, so Maharaj Ji chose to be free and made his body clear from clothes, just a light orange dhoti. The Ganges is now Maharaj Ji's world, its water, its sound; this all feels alive. Maharaj Ji takes a bath in the holy river three times a day: morning, noon, and night. "This makes me feel so close to my lord," Maharaj Ji thought while standing on the riverbank.

जल्द ही महीने साल में बदल गए, और यहाँ महाराज जी अब सूरज उगने और गिरने के साथ भगवान शिव के पवित्र शहर की चमक में पूरी तरह से खो गए, लेकिन महाराज जी के बाल लंबे हो गए और सूरज से त्वचा काली हो गई, और समय के प्रवाह में,

महाराज जी की शर्ट में छेद हो गए, इसलिए महाराज जी ने मुक्त होना चुना और अपने शरीर को कपड़ों से साफ किया, बस एक हल्की नारंगी धोती। गंगा ही महाराज जी की दुनिया, उसका पानी , उसकी आवाज़, यह सब जीवंत महसूस होता। महाराज जी दिन में तीन बार सुबह, दोपहर और रात में पवित्र नदी में स्नान करते। "इससे मुझे अपने स्वामी के इतने करीब महसूस होता है", महाराज जी ने नदी के किनारे खड़े होकर सोचा।

One evening, something new and surprising happened. The sun was getting down from above, high, turning the Ganges orange and light gold. Maharaj Ji sat by the steps thinking about his lord while looking forward to the river. Suddenly an old man came near to Maharaj Ji and slowly said.

एक शाम कुछ नया और आश्चर्यजनक हुआ। सूरज ऊपर से उतर रहा था, गंगा को नारंगी और हल्का सोना कर रहा था। महाराज जी सीढ़ियों के पास बैठ कर नदी की ओर देखते हुए अपने स्वामी के बारे में सोच रहे थे। अचानक एक वृद्ध व्यक्ति महाराज जी के पास आया और धीरे-धीरे कहा।

"Namaste, my son. I've been looking for you here for many days because of your positive intention to the almighty. I'm surprised after watching you glummer for God."

"नमस्ते बेटा। सर्वशक्तिमान के प्रति आपके सकारात्मक इरादे के कारण मैं आपको यहाँ कई दिनों से ढूंढ रहा हूँ। आपको इतना भगवान के लिए चमकते हुए देखकर मुझे आश्चर्य होता है।

Just by hearing this, Maharaj Ji replied in a soft tone and simple words.

महाराज जी ने यह सुनकर कोमल स्वर और सरल शब्दों में जवाब दिया।

“I’m on my way, the way my god has shown me the path my lord has shown me ....”

"मैं अपने रास्ते पर हूँ, जिससे मेरे भगवान ने मुझे वह रास्ता दिखाया है जो मेरे भगवान ने मुझे दिखाया है....... ।

After hearing those soft and positive words, the wise man soon said to Maharaj Ji in a fast and exciting manner, 'So why don’t you get glimpses of your god in the form of Rasleela?' Then Maharaj Ji just asked the old man ,

उन कोमल और सकारात्मक शब्दों को सुनने के बाद, बुद्धिमान व्यक्ति ने तुरंत महाराज जी से तेज और रोमांचक तरीके से कहा, 'तो आपको रासलीला के रूप में अपने भगवान की झलक क्यों नहीं देखनी चाहिए ?' तब महाराज जी ने बूढ़े व्यक्ति से पूछा,

“What is this, and how is this connected to my lord?”

"यह क्या है, और यह मेरे स्वामी से कैसे जुड़ा हुआ है?

Then just the elder person replied to Maharaj Ji.Why would you not want to see with your own eyes? Then Maharaj Ji heard some music, drums and soft voices a bit loud but so happy. Then Maharaj Ji stood up, very curious, and walked towards where the sound came from, and then Maharaj Ji looked down on a very large stage. People were gathered, clapping and singing in joy while taking in the bright smile on their faces with sun-like charm that makes every person so happy. _____ It is Rasleela [a play about Lord Krishna and Radha Rani]. Soon, by looking at this delightful view, Maharaj Ji pushed closer with wider and hopeful eyes and watched a man dressed as Lord Krishna play the flute and a woman as Radha Rani dance so pleasantly.

तभी बुजुर्ग व्यक्ति ने महाराज जी को जवाब दिया। आप अपनी आँखों से क्यों नहीं देखना चाहेंगे? तब महाराज जी ने कुछ संगीत, ढोल और कोमल आवाज़ें सुनीं जो थोड़ी तेज लेकिन बहुत खुश थीं। तब महाराज जी बहुत उत्सुक होकर खड़े हुए और उस ओर चले जहाँ से आवाज़ आई, और फिर महाराज जी ने एक बहुत बड़े मंच पर नीचे देखा। लोग इकट्ठे हो गए, ताली बजाते हुए और खुशी से गाते हुए सूरज जैसे आकर्षण के साथ अपने चेहरे पर उज्ज्वल मुस्कान ले रहे थे यह रासलीला (भगवान कृष्ण और राधा रानी के बारे में एक नाटक) है। जल्द ही, इस मनमोहक दृश्य को देखकर, महाराज जी आशान्वित आँखों से पास चले गए और भगवान कृष्ण के कपड़े पहने एक व्यक्ति को बांसुरी बजाते हुए और एक महिला को राधा रानी के रूप में नृत्य करते हुए देखा।

Maharaj Ji stopped and stared at the view. The music filled his ears, and the dancing made Maharaj Ji's heart jump out because of lots of excitement. "That's him," Maharaj Ji thought after seeing Lord Krishna playing the flute and Radha Rani dancing across from Lord Krishna. The whole stage filled with positive vibes in the shine of the glorious god, Maharaj Ji felt something big grow inside him. "That's him, not just in stories; they're here inside lots of people's hearts," Maharaj Ji said in his mind with trembling hands, with wide eyes, with the glory of god in his heart.

महाराज जी रुक कर उस दृश्य को देखने लगे। संगीत ने उनके कानों को भर दिया, और नृत्य बहुत उत्साह के कारण महाराज जी का दिल हिला दिया। "यह वही है", महाराज जी ने भगवान कृष्ण को बांसुरी बजाते और राधा रानी को भगवान कृष्ण के सामने

नाचते हुए देखकर सोचा। महाराज जी गौरवशाली भगवान की चमक में सकारात्मक भावों से भरा पूरा मंच उनके अंदर कुछ बड़ा महसूस हो रहा था। "वह वही हैं, केवल कहानियों में नहीं; वे यहाँ बहुत से लोगों के दिलों में हैं", महाराज जी ने कांपते हाथों के साथ, दिल में भगवान की महिमा के साथ अपने दिमाग में कहा।

After about half an hour, when the play is going to end, the crowd starts leaving the place while talking so loudly, but Maharaj Ji did not understand what is happening here and where his god is going slowly, and here the Rasleela is slowly going far from Maharaj Ji, and just with fear of being alone without his god, Maharaj Ji is acting like an impenitent person and starts asking people, “Where is my god? Where are they going?” Some of the people get together after watching Maharaj Ji’s excitement for god after watching Maharaj Ji’s pure soul for god, and then just a wise man came near to him and said, “This all is a play, my son. We call it Swami Shri Ram Sharma Rasleela, in which a young man or a woman acts as Lord Krishna and Radha Rani, dancing in a positive manner with flowers and flute tune, making the environment so pleasant, but soon after a month, those all are going back to their hometown, the home of Lord Krishna, and after some sweet talk, the wise man peacefully, in a soft tone, tells all about Swami Shri Ram Sharma Rasleela and Chaitanya Leela, which is performed in the daytime in Vrindavan or Mathura.

लगभग आधे घंटे के बाद जब नाटक खत्म होने लगा, तो भीड़ जोर से बात करते हुए वहां से जाने लगती है, लेकिन महाराज जी को समझ नहीं आया कि यहां क्या हो रहा है और उनके भगवान धीरे-धीरे कहां जा रहे हैं, और यहां रासलीला धीरे-धीरे महाराज जी से दूर जा रही है, और अपने भगवान के बिना अकेले होने के डर से, महाराज जी एक दृढ़ व्यक्ति की तरह व्यवहार कर रहे थे और लोगों से पूछने लगते हैं, "मेरे भगवान कहां हैं? वे कहाँ जा रहे हैं?"

भगवान के लिए महाराज जी की पवित्र आत्मा को देखने के बाद भगवान के लिए महाराज जी के उत्साह को देखने के बाद कुछ लोग इकट्ठा हो जाते हैं, और फिर बस एक बुद्धिमान व्यक्ति उनके पास आया और कहा, "यह सब एक नाटक है ..... रासलीला ...., मेरे बेटे। हम इसे स्वामी श्री राम शर्मा रासलीला कहते हैं, जिसमें एक युवक या महिला भगवान कृष्ण और राधा रानी के रूप में कार्य करते है, फूलों और बांसुरी की धुन के साथ सकारात्मक तरीके से नृत्य करते है, जिससे वातावरण इतना सुखद हो जाता है, लेकिन एक महीने के बाद, वे सभी अपने गृहनगर, भगवान कृष्ण के घर वापस जा रहे हैं, और कुछ मीठी बातों के बाद, बुद्धिमान व्यक्ति शांति से, नरम स्वर में, स्वामी श्री राम शर्मा रासलीला और चैतन्य लीला के बारे में सब कुछ बताते है, जो दिन में वृंदावन या मथुरा के बारे में किया जाता है।

Maharaj ji feels so pleasant, like he is living in heaven, after attempting Swami Shri Ram Sharma's Rasleela and Chaitanya Leela in the daytime for about a month. For every second Maharaj ji feels that he is so close to his god, but after a month all those people are ready to go to their hometown, to the city of Lord Krishna, and here Maharaj ji also made his intention that his actual place is Vrindavan. Soon, by passing the days, Maharaj ji always looked to Varanasi and the time he passed here, but something Maharaj ji felt was incomplete. One morning by the rising sun, Maharaj Ji decided to follow his upcoming path. Maharaj Ji thought that his lord would show him a new way for his upcoming journey, and soon, with a strong heart and glowing hope in his eyes, with just a cloth bag, Maharaj Ji was ready to move his feet to the holy city **Mathura-Vrindavan**.

लगभग एक महीने तक दिन में स्वामी श्री राम शर्मा की रासलीला और चैतन्य लीला का देखने के बाद महाराज जी बहुत सुखद

महसूस करते हैं, जैसे कि वे स्वर्ग में रह रहे हैं। हर एक पल के लिए महाराज जी को लगता है कि वह अपने भगवान के इतने करीब हैं, लेकिन एक महीने के बाद वे सभी लोग अपने गृहनगर, भगवान कृष्ण के शहर जाने के लिए तैयार हो जाते हैं, और यहां महाराज जी ने भी अपना इरादा बनाया कि उनका वास्तविक स्थान वृंदावन है। जैसे-जैसे दिन बीतते गए, महाराज जी हमेशा वाराणसी की ओर देखते रहे और यहां से गुजरते हुए समय की ओर देखते रहे, लेकिन महाराज जी को कुछ ऐसा लगा जो अधूरा था। उगते सूरज की सुबह, महाराज जी ने अपने आने वाले रास्ते पर चलने का फैसला किया। महाराज जी ने सोचा कि उनके स्वामी उन्हें अपनी आगामी यात्रा के लिए एक नया रास्ता दिखाएंगे, और जल्द ही, मजबूत दिल और आंखों में चमकती आशा के साथ, सिर्फ एक कपड़े का थैला लेकर, महाराज जी पवित्र शहर **मथुरा-वृंदावन** में पैर रखने के लिए तैयार थे।

Chapter 4 Pain and Faith

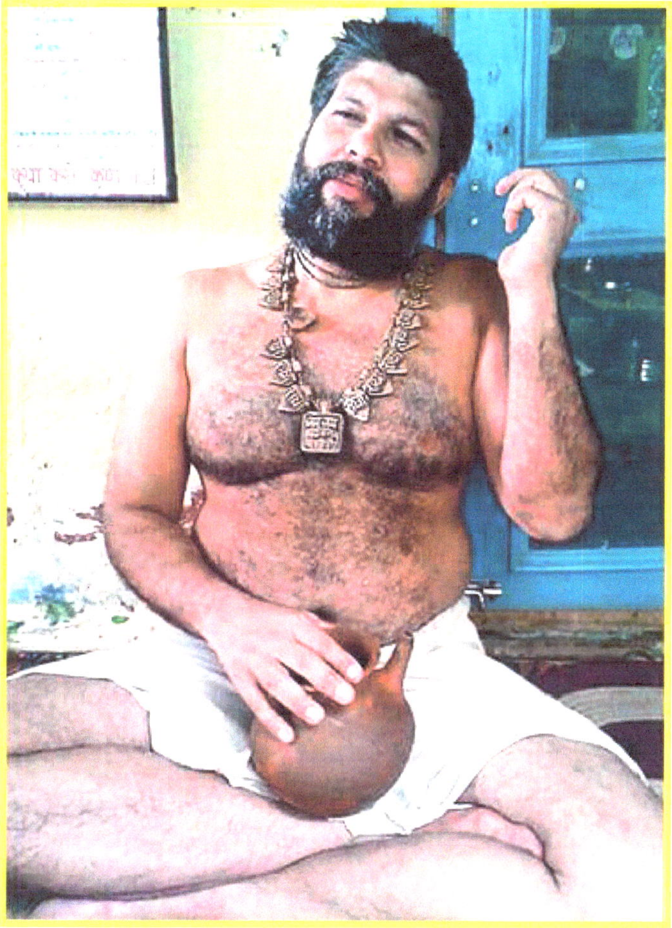

Maharaj Ji stood by the edge of the holy river Ganges, with folded thin legs, and the river flowed slowly and so quietly, chasing the sunshine. A skinny boy with long and messy hair holding a small cloth bag, living on the stone steps of the temple, from a small village, now ready to move on to the next stage of his holy journey, which is the search for his god. That day Varanasi looked so busy but incomplete. With the rising of the sun, Maharaj Ji opened his eyes and got up from the hard stone steps and then walked near to the edge of the river Ganges. Soon Maharaj Ji slowly stepped into the Ganges and then moved his hands towards the water, which felt so cold and fresh. Then, after this, Maharaj Ji moved one or two steps ahead into the river and dipped about three times. After this, Maharaj Ji moved his feet back to a large tree for a long and spiritual meditation, which kept Maharaj Ji close to God and helped him to continue his discipline and journey.

महाराज जी पवित्र नदी गंगा के किनारे खड़े थे, पतले पैरों के साथ, और नदी धूप का पीछा करते हुए धीरे-धीरे और चुपचाप बह रही थी। लंबे और गन्दे बालों वाला एक पतला लड़का, एक छोटा सा कपड़े का थैला पकड़े हुए, मंदिर की पत्थर की सीढ़ियों पर रहने वाला, एक छोटे से गाँव से, अब अपनी पवित्र यात्रा के अगले चरण पर जाने के लिए तैयार, जो कि अपने भगवान की खोज है। उस दिन वाराणसी व्यस्त लेकिन अधूरी लग लग रही थी। सूर्य के उदय के साथ ही महाराज जी ने अपनी आँखें खोलीं और कठोर पत्थर की सीढ़ियों से उठे और फिर गंगा नदी के किनारे के पास चले गए। जल्द ही महाराज जी ने धीरे-धीरे गंगा में कदम रखा और फिर अपने हाथों को पानी की ओर बढ़ाया, जिससे उन्हें बहुत ठंड और ताजगी महसूस हुई। इसके बाद महाराज जी एक-दो कदम आगे नदी में चले गए और लगभग तीन बार डुबकी लगाई। इसके बाद, महाराज जी ने एक लंबे और आध्यात्मिक ध्यान के लिए

अपने पैर एक बड़े पेड़ **के रास्ते पर** वापस रख दिए, जिसने महाराज जी को भगवान के करीब और उन्हें अपने अनुशासन और यात्रा को जारी रखने में मदद की।

Into the glory of his god, some of the days feel so hard and painful, as the food didn't come so easily anymore when Maharaj Ji first arrived. Just some of the kind people gave Maharaj Ji fruits or roti, but with the god's mercy, those precious gifts never stopped for Maharaj Ji, which helped a lot in survival. But some of the days when Maharaj Ji was just a small kid felt so painful because of hunger, bad weather, and memories of family, but Maharaj Ji never felt low and weak, just remembering his god every time. Maharaj Ji, from his childhood when he first to Varanasi, sat on the steps of the temple while watching the crowd from here and there, people praying, every sun rise and every sunset, and watching kids running with joy and happiness, and all those things made Maharaj Ji feel so happy and close to his lord.

अपने भगवान की महिमा में, कुछ दिन इतने कठिन और दर्दनाक महसूस करते हैं, क्योंकि जब महाराज जी पहली बार आए थे तो भोजन इतनी आसानी से नहीं आता था। बस कुछ लोगों ने महाराज जी को फल या रोटी दी, लेकिन भगवान की दया से, वे कीमती उपहार महाराज जी के लिए कभी नहीं रुके, जिससे जीवित रहने में बहुत मदद मिली। लेकिन कुछ दिनों जब महाराज जी सिर्फ एक छोटे बच्चे थे, भूख, खराब मौसम और परिवार की यादों के कारण बहुत दर्द महसूस करते थे, लेकिन महाराज जी ने कभी भी खुद को नीरस और कमजोर महसूस नहीं किया, बस हर बार अपने भगवान को याद करते। महाराज जी, बचपन से ही जब वे वाराणसी गए थे, तो मंदिर की सीढ़ियों पर बैठकर इधर-उधर की भीड़ को देखते थे, लोग प्रार्थना करते थे, हर सूर्योदय और हर

सूर्यास्त, बच्चों को खुशी के साथ दौड़ते हुए देखते थे, और उन सभी चीजों ने महाराज जी को बहुत खुश और अपने स्वामी के करीब महसूस कराया।

Maharaj Ji always thinks, “My god knows that I’m here; they always help me. My god will send me something,” while hugging his knees. One day the sun rose and burnt so hot and bright, like fire, on Maharaj Ji’s skin, and then after heavy heatwaves Maharaj Ji went near to the holy river and sat by the down steps of the large temple and moved his hands into the water for drinking. Then, with a calm movement, Maharaj Ji got back under the roof of the temple and sat down while murmuring God’s name into his mind with a short smile and calm mind.

महाराज जी हमेशा सोचते, "मेरे भगवान जानते हैं कि मैं यहाँ हूँ; वे हमेशा मेरी मदद करते हैं। मेरे भगवान मुझे कुछ भेजेंगे ", अपने घुटनों को गले लगाते हुए सोचते। एक दिन सूरज उग आया और महाराज जी की त्वचा पर आग की तरह गर्मी और चमक आ गई, और फिर भीषण गर्मी के बाद महाराज जी पवित्र नदी के पास गए और बड़े मंदिर की सीढ़ियों के पास बैठ गए और पीने के लिए पानी में हाथ डाले। फिर, एक शांत आंदोलन के साथ, महाराज जी मंदिर की छत के नीचे वापस आ गए और एक छोटी सी मुस्कान और शांत मन के साथ अपने मन में भगवान के नाम की प्रार्थना करते हुए बैठ गए।

Sometimes when the rain show its one of the distructive manner with turning the sky gray and smoky and dropping the water so heavy and wildy , Maharaj Ji ran to hide under a large tree its thick branches being act as a umberala for Maharaj Ji but the cold and heavy wind feels so pointed on Maharaj Ji body and in this type of hard weather Maharaj Ji body get shivered , teeth chattering , fully wet and alone but alwayes getting a hope into his heart “ this is my test but I alwayes feels so lucky that my god im on this journey “ Maharaj Ji thought while getting faced by the strong shade of rain , the drops of rain which mixed with Maharaj Ji tears but he nevere fall alwayes be a smiled and happy person .

कभी-कभी जब बारिश अपने विनाशकारी तरीके से आकाश को धूसर और धुएँ में बदल देती, और पानी को इतना भारी और जंगली कर देती, तो महाराज जी एक बड़े पेड़ के नीचे छिपने के लिए दौड़ते , इसकी मोटी शाखाएं महाराज जी के लिए छाते की तरह काम करती, लेकिन ठंडी और भारी हवा महाराज जी के शरीर पर नुकीली और भारी महसूस करती और इस तरह के कठिन मौसम में महाराज जी का शरीर कांप जाता, दांत कांपते, पूरी तरह से गीले और अकेले होते, लेकिन हमेशा उनके दिल में एक आशा होती "यह मेरी परीक्षा है लेकिन मैं हमेशा इतना भाग्यशाली महसूस करता हूं कि मेरे भगवान इस यात्रा पर हैं" महाराज जी ने बारिश की तेज छाया का सामना करते हुए सोचा, बारिश की बूंदें जो महाराज जी के आंसुओं के साथ मिल जाती, लेकिन वह कभी नहीं गिरते, हमेशा एक मुस्कुराते हुए और खुश व्यक्ति।

When the sun went down, the air turned so cold, so sharp, so pointed, like it wanted to bite. Maharaj Ji lay on the steps sometimes inside the temple when the weather was too rough and deadly. At those times Maharaj Ji didn’t have anything comfortable or anything to make him warm. No blanket, no extra clothes, just a cloth bag which he carried from his childhood. The wind feels so pointed and cold, whistling through long streets of temples. That time Maharaj Ji closed his eyes and always thought about how beautiful his god is and why he is here. His mother's last words when Maharaj Ji moved alone from him were, 'Why did you choose this journey? Never lose your hope. You feel the time is hard, but even that is why God chose you, because you have the sense and because you have the potential to come over and get up from this hard time, from this painful situation.'

जब सूरज अस्त हुआ, तो हवा इतनी ठंडी हो गई, इतनी तेज, इतनी नुकीली, जैसे वह काटना चाहती थी। महाराज जी कभी-कभी मंदिर के अंदर सीढ़ियों पर लेट जाते थे जब मौसम बहुत खराब और घातक होता था। उस समय महाराज जी के पास उन्हें गर्म करने के लिए कुछ भी आरामदायक या कुछ भी नहीं था। कोई कंबल नहीं, कोई अतिरिक्त कपड़े नहीं, बस एक कपड़े का थैला जो वे अपने बचपन से ले जाते थे। मंदिरों की लंबी गलियों में सीटी बजाते हुए हवा बहुत नुकीली और ठंडी महसूस करती है। उस समय महाराज जी ने अपनी आँखें बंद कीं और हमेशा सोचते थे कि उनके भगवान कितने सुंदर हैं और वे यहाँ क्यों हैं। जब महाराज जी उनसे अकेले चले गए तो उनकी माँ के अंतिम शब्द थे, 'आपने यह यात्रा क्यों चुनी? कभी भी उम्मीद न खोएं। आपको लगता है कि समय कठिन है ? लेकिन इसलिए भगवान ने आपको चुना, क्योंकि आपके पास समझ है और क्योंकि आपके पास इस कठिन समय से, इस दर्दनाक स्थिति से उठने की क्षमता है।

After some days, Maharaj Ji's body hurt so bad because of bad weather conditions. He is still surviving because hunger made Maharaj Ji's stomach ache, and that empty feeling won't leave. Maharaj Ji's legs felt so weak that they couldn’t hold him up over time. Maharaj Ji got weaker; once Maharaj Ji tried walking to the water, but he stumbled and fell hard on the steps. His knees bled a little, the red blood against the stone, but like a brave man, Maharaj Ji got up slowly in lots of pain and sat there breathing slowly and heavily, and then he thought by looking at the holy river, “Why is this so tough?” But then he remembered King Parikshit from the holy book stories, a brave king waiting for his death but staying strong. Then Maharaj Ji thought, “I can do this,” standing up again with pride that God chose him for the spiritual journey.

कुछ दिनों के बाद खराब मौसम के कारण महाराज जी के शरीर में बहुत दर्द हुआ। क्योंकि भूख ने महाराज जी के पेट में दर्द पैदा कर दिया था। महाराज जी के पैर इतने कमजोर महसूस कर रहे थे कि वे समय के साथ उन्हें उठा नहीं पा रहे थे। महाराज जी कमजोर हो गए; एक बार महाराज जी ने चलने की कोशिश की, लेकिन वे ठोकर खाकर सीढ़ियों पर गिर गए। उनके घुटनों से थोड़ा खून बह रहा था, लेकिन एक बहादुर आदमी की तरह, महाराज जी बहुत दर्द में धीरे-धीरे उठे और धीरे-धीरे और भारी सांस लेते हुए वहां बैठ गए, और फिर उन्होंने पवित्र नदी को देखकर सोचा, "यह इतना कठिन क्यों है?" लेकिन फिर उन्होंने पवित्र पुस्तक की कहानियों से राजा परीक्षित को याद किया, एक बहादुर राजा जो मृत्यु का इंतजार कर रहा था लेकिन मजबूत बना रहा। तब महाराज जी ने सोचा, "मैं यह कर सकता हूँ", फिर से गर्व के साथ खड़े हुए कि भगवान ने उन्हें आध्यात्मिक यात्रा के लिए चुना है।

Day by day passed slowly; people saw Maharaj Ji struggle. From them, an old woman came near to Maharaj Ji, her eyes looking so kind but worried. “You are too weak, my son,” she said, looking at Maharaj Ji. After saying this, the old lady moved his hand and gave Maharaj Ji a bowl of rice, plain and cold. Then Maharaj Ji accepted it with a little smile and ate slowly. Then, after eating, Maharaj Ji gave back the bowl to the old lady, saying, “Thank you. May my lord always be with you, mother,” in a soft and light voice. Maharaj Ji felt the bowl of rice like gold. Then Maharaj Ji said in a light and sweet tone, after the old woman had gone from there, “God sent her.”

दिन-ब-दिन धीरे-धीरे बीतते गए, लोगों ने महाराज जी का संघर्ष देखा। उनमें से एक बूढ़ी औरत महाराज जी के पास आई, उनकी आँखें बहुत दयालु लेकिन चिंतित लग रही थीं। महाराज जी की ओर देखते हुए कहा, "तुम बहुत कमजोर हो, मेरे बेटे। यह कहने के बाद, बूढ़ी औरत ने महाराज जी को चावल का एक कटोरा दिया, जो सादा और ठंडा था। तब महाराज जी ने थोड़ी सी मुस्कान के साथ इसे स्वीकार किया और धीरे-धीरे भोजन किया। फिर, खाने के बाद, महाराज जी ने कटोरा बूढ़ी औरत को वापस देते हुए कहा, "धन्यवाद। मेरे स्वामी हमेशा आपके साथ रहें, माँ ", एक नरम और हल्की आवाज़ में। महाराज जी को चावल का कटोरा सोने जैसा लगा। तब महाराज जी ने बूढ़ी औरत के वहाँ से चले जाने के बाद हल्के और मधुर स्वर में कहा, "भगवान ने **उन्हें** भेजा है।"

One morning, the sunrise was so soft and light, not so bright, painting the Ganges in gold colour. Maharaj Ji woke slowly with an aching body; as per usual, Maharaj Ji walked near to the edge of the holy river and sat back on the steps, wet and tired. A man walked near to Maharaj Ji and suddenly dropped an apple from his bag. Without knowing, the apple looked round and fresh; it rolled to Maharaj Ji’s feet, then Maharaj Ji picked it up and looked around, but the man was already gone. Then, by looking at the apple, Maharaj Ji said, “Thank you, my dear god,” and bit it, which felt so sweet and juicy.

एक सुबह, सूर्योदय नरम और हल्का था, इतना चमकीला नहीं था, जिससे गंगा सोने के रंग में रंग गई। महाराज जी एक दर्द भरे शरीर के साथ धीरे-धीरे उठे; हमेशा की तरह, महाराज जी पवित्र नदी के किनारे चले गए और गीली और थकी हुई सीढ़ियों पर बैठ गए। एक आदमी महाराज जी के पास गया और अचानक उनके थैले से एक सेब गिरा। बिना जाने, सेब गोल और ताजा लग रहा था; **और**

महाराज जी के चरणों में लुढ़क गया, फिर महाराज जी ने इसे उठाया और चारों ओर देखा, लेकिन वह आदमी पहले ही चला गया था। फिर, सेब को देखकर, महाराज जी ने कहा, "धन्यवाद, मेरे प्रिय भगवान",और उसे काट लिया, जो बहुत मीठा और रसदार लगा।

Maharaj Ji getting young or a wisdom person by passing evey day , the river flowed so quitly soon Maharaj Ji came near to the edge of the holy river and higged the water by his hands and drink it slowly “ my Lord “ Maharaj Ji said quitly by hands together but suddenly Maharaj Ji feel too much pain inside his stomach , a pointed pain slowly slowy hurting Maharaj Ji insdie from his body then just Maharaj Ji sat on the same place where he standing by holding the flore by tight grip by his hands but now in this painful condition Maharaj Ji didn’t able to do anything just to control his pain after some of seconds by watching Maharaj Ji in critical condidtion many of people came near to him but here Maharaj Ji had tears in his eyes with lots of pain in his stomach but even in this critical condition Maharaj Ji slowy with strong heart stared saying “ Radhe krishan radhe krishana radhe krishana “ but he feels lots of pain in his stomach but only one word came out from Maharaj Ji mouth “ radhe krishana radhe krishana “

महाराज जी एक जवान या बुद्धिमान व्यक्ति बन रहे थे , नदी धीरे-धीरे बहती गई महाराज जी पवित्र नदी के किनारे आ गए और अपने हाथों से पानी उठाया और धीरे-धीरे पिया "मेरे भगवान" महाराज जी ने हाथ जोड़कर कहा, लेकिन अचानक महाराज जी को अपने पेट में बहुत दर्द महसूस होने लगा, एक नुकीला दर्द धीरे-धीरे महाराज जी के शरीर से निकल रहा है, तो बस महाराज जी उसी जगह पर बैठे,लेकिन अब दर्द भरी स्थिति में महाराज जी कुछ सेकंड उसी जगह पर बैठे, कई लोग उनके पास आए, लेकिन यहां महाराज जी की आंखों में दर्द के साथ आँसू थे,इस गंभीर स्थिति

में उनके पेट में बहुत दर्द था। लेकिन इस गंभीर स्थिति में भी महाराज जी ने हृदय से धीरे से "राधे कृष्ण राधे कृष्ण" कहा और दोहराते रहे बार बार। लेकिन उन्हें अपने पेट में बहुत दर्द महसूस हो रहा था अभी भी लेकिन महाराज जी के मुंह से केवल एक शब्द निकला "राधे कृष्ण राधे कृष्ण"

Maharaj Ji was not feeling so good, and then many of the people from the crowd came forward by understanding their responsibility and then held Maharaj Ji with their hands and quickly moved to the nearest medical facility for Maharaj Ji's survival. After some hours, Maharaj Ji felt a bit good, but Maharaj Ji thought while looking at the open sky and moving clouds, "My god is calling me; I have to go," but the reason for the pain was still not clear because the medical facility was not so good. Even in this tough time, Maharaj Ji had only one word on his lips: **"Radhe Krishna."**

महाराज जी को अच्छा नहीं लग रहा था, और फिर भीड़ में से कई लोग अपनी जिम्मेदारी समझकर आगे आए और फिर महाराज जी को अपने हाथों में थाम लिया और महाराज जी के जीवित रहने के लिए तुरंत निकटतम चिकित्सा सुविधा में चले गए। कुछ घंटों के बाद महाराज जी को थोड़ा अच्छा लगा, लेकिन महाराज जी ने खुले आसमान और चलते बादलों को देखते हुए सोचा, "मेरे भगवान मुझे बुला रहे हैं, मुझे जाना है", लेकिन दर्द का कारण अभी भी स्पष्ट नहीं था क्योंकि चिकित्सा सुविधा इतनी अच्छी नहीं थी। इस कठिन समय में भी महाराज जी के होंठों पर केवल एक शब्द था: **"राधे कृष्ण"।**

Now Maharaj Ji sat by the Ganges in Varanasi, while watching the open and clear sky through his big and hope-filled positive eyes. Maharaj Ji thought, with his body resting on the hard stone, that the holy river in front of him moved so quietly that it gave him peace. As on other days, Varanasi looked so busy and shiny; the steps buzzed, the streets of the city, like other days, were filled with many people praying at the edge of the Ganges. Many tourists were traveling across the different temples , experiencing something different , something so exciting and wonderful. The boats floated over Ganga Ji with tr aveling people, and the temple bells rang so loudly. Here, Maharaj Ji watched it all through his eyes , sitting aside on a hard stone . Soon, with his weak body but strong heart, Maharaj Ji said,

" This is the last day, and I have to move on to the next step of my journey."

अब महाराज जी अपनी विशाल और आशा से भरी सकारात्मक आँखों से खुले और साफ आसमान को देखते हुए वाराणसी में गंगा के किनारे बैठ गए। महाराज जी ने अपने शरीर को कठोर पत्थर पर रखते हुए सोचा कि उनके सामने पवित्र नदी इतनी चुपचाप शांति से बह रही है इससे उन्हें शांति मिलती है। अन्य दिनों की तरह, वाराणसी इतनी व्यस्त और चमकदार लग लग रही थी ; सीढ़ियों पर शहर की सड़कें पर भीड़ थी, अन्य दिनों की तरह, गंगा के किनारे प्रार्थना करने वाले कई लोगों से भरे हुए थे। कई पर्यटक विभिन्न मंदिरों में यात्रा कर रहे थे, कुछ अलग, कुछ रोमांचक और अद्भुत अनुभव कर रहे थे। यात्रा करने वाले लोगों के साथ गंगा जी के ऊपर नावें तैरती, और मंदिर की घंटी जोर से बजती। यहाँ, महाराज जी एक तरफ एक कठोर पत्थर पर बैठकर अपनी आँखों से यह सब देख रहे थे। जल्द ही, अपने कमजोर शरीर लेकिन मजबूत दिल के साथ, महाराज जी ने कहा, "यह अंतिम दिन है, और मुझे अपनी यात्रा के अगले चरण पर आगे बढ़ना ही होगा।"

The day was going too fast, like the stars in the expanding universe. On the same day in the evening, Maharaj Ji moved his feet to somewhere with a gentle smile on his face. The sun was now low and did not look so bright, while the river looked so glorious and shiny.

Soon after a short distance, Maharaj Ji stopped his feet and waited for something with lots of excitement. After a few minutes of waiting, Maharaj Ji heard something - the beating of drums in a rhythmic order, singing so softly. Just by hearing this , Maharaj Ji's heart began to jump out with the excitement of watching and listening. Maharaj

Ji moved his head and watched ; it was Rasleela again, but for the last day in this city. Maharaj Ji 's eyes grew bigger and wider as he felt the play in his heart. He watched a man dressed as Lord Krishna standing on the wooden floor while holding a flute in his hand. Maharaj Ji looked so happy and curious , like a small kid, with a large and gentle smile covering Maharaj Ji's face.

दिन बहुत तेजी से गुजर रहा था, जैसे कि फैलते ब्रह्मांड में तारे। उसी दिन शाम को महाराज जी ने अपने चेहरे पर कोमल मुस्कान के साथ आपने पैर आगे बढ़ाए । सूरज अब कम था और इतना चमकीला नहीं लग रहा था, जबकि नदी इतनी शानदार और चमकदार लग रही थी।

थोड़ी ही दूरी के बाद महाराज जी ने अपने पैर रोके और बड़े उत्साह के साथ किसी चीज़ का इंतजार किया। कुछ मिनटों के इंतजार के बाद, महाराज जी ने कुछ सुना-लयबद्ध क्रम में ढोल की धड़कन, धीरे से गाना। यह सुनकर ही महाराज जी का मन देखने और सुनने के उत्साह से उछलने लगा। महाराज जी ने अपना सिर हिलाया और देखा; यह फिर से रासलीला थी, लेकिन इस शहर में अंतिम दिन के लिए । जैसे-जैसे महाराज जी ने अपने दिल में नाटक को महसूस किया, उनकी आंखें बड़ी और चौड़ी होती गईं। उन्होंने भगवान कृष्ण के कपड़े पहने एक व्यक्ति को हाथ में बांसुरी पकड़े लकड़ी के फर्श पर खड़े देखा। महाराज जी बहुत खुश और जिज्ञासु लग रहे थे, एक छोटे बच्चे की तरह, महाराज जी के चेहरे पर एक बड़ी और कोमल मुस्कान थी।

That night at last the play ended. Maharaj Ji couldn’t sleep; the stone on which Maharaj Ji lay felt so cold and hard, but Maharaj Ji didn’t care about this. He was looking lost into the Rasleela. Maharaj Ji was again and again thinking about Lord Krishna, his flute, and how he was standing on the floor, and then Maharaj Ji just whispered about ~

उस रात आखिरकार नाटक समाप्त हो गया। महाराज जी सो नहीं सके; जिस पत्थर पर महाराज जी लेटे थे, वह बहुत ठंडा और कठोर लग रहा था, लेकिन महाराज जी को इसकी परवाह नहीं थी। महाराज जी बार-बार भगवान कृष्ण के बारे में सोच रहे थे, उनकी बांसुरी, और कैसे वे फर्श पर खड़े थे, और फिर महाराज जी फुसफुसाते हुए बोले ~

"I have to move on to the next stage of my life. This feels a bit hard – that I'm going far from this place, from my home, from Ganges – but this is my spiritual journey; this is my god path."

"मुझे अपने जीवन के अगले चरण में आगे बढ़ना ही होगा। यह थोड़ा मुश्किल लगता है-कि मैं इस जगह से, अपने घर से, गंगा से बहुत दूर जा रहा हूं-लेकिन यह मेरी आध्यात्मिक यात्रा है; यह मेरा भगवान का मार्ग है।

Maharaj Ji had already heard about the holy cities Vrindavan and Mathura from many people; the spiritual thought grew so fast in his mind like a growing seed of life. Maharaj Ji looked at the river; its cold and fresh water under the open sky and twinkling stars.

The next morning Maharaj Ji looked around with an empty stomach. Soon he felt someone standing beside him. Then Maharaj Ji looked back and watched an old man with a roti standing beside him. Then Maharaj Ji, in a very curious way, asked the old man, "Namaste, Baba. Can you please tell me the way for the holy city Vrindavan?" The old man looked so pleasant with a smile on his face. Then the old man pointed his finger in a particular direction while saying, "This way, my son, by the Yamuna River." Then the old man gave the roti to Maharaj Ji, saying, “Take it, my son. Your way is too long. Always believe in God.” Maharaj Ji was so thankful for a precious gift from the old man for directing him or for food, so Maharaj Ji said thank you by holding both of his hands.

महाराज जी ने पहले ही कई लोगों से पवित्र शहरों वृंदावन और मथुरा के बारे में सुना था; उनके मन में आध्यात्मिक विचार जीवन के बढ़ते बीज की तरह इतनी तेजी से बढ़ने लगे। महाराज जी ने नदी की ओर देखा; खुले आकाश और टिमटिमाते सितारों के नीचे ठंडा और ताज़ा पानी।

अगली सुबह महाराज जी ने खाली पेट चारों ओर देखा। कुछ ही देर में उन्हें लगा कि कोई उनके बगल में खड़ा है। तब महाराज जी ने पीछे मुड़कर देखा और एक बूढ़े आदमी को रोटी के साथ अपने बगल में खड़ा देखा। तब महाराज जी ने बड़े जिज्ञासु तरीके से बूढ़े आदमी से पूछा, "नमस्ते बाबा। क्या आप कृपया मुझे पवित्र शहर वृंदावन का रास्ता बता सकते हैं? बूढ़ा आदमी चेहरे पर मुस्कान के साथ बहुत सुखद लग रहा था। फिर बूढ़े आदमी ने एक विशेष दिशा में अपनी उंगली दिखाते हुए कहा, "इस तरह, मेरे बेटे, यमुना नदी के किनारे।" फिर बूढ़े आदमी ने महाराज जी को रोटी देते हुए कहा, "इसे ले लो बेटा। तुम्हारा रास्ता बहुत लंबा है। हमेशा भगवान में विश्वास रखें। महाराज जी उस बूढ़े व्यक्ति की ओर से उन्हें भोजन के लिए निर्देशित करने के लिए एक बहुमूल्य उपहार के लिए बहुत आभारी थे, इसलिए महाराज जी ने दोनों हाथ पकड़कर धन्यवाद कहा।

Maharaj Ji ate half the roti and rested it for a while in his small cloth bag. Then Maharaj Ji said in a low tone, “As according the old man, I have to go to Mathura first, then Vrindavan.” The thought felt so divine, like Ganga Ji also pushing Maharaj Ji on his way. Now Maharaj Ji soon going to the next stage of his life. While watching the river all day, it was flowing soo cold, but he felt so calm after thinking soon he is going to Mathura, the place where his god was born.

महाराज जी ने आधी रोटी खाई और अपने कपड़े के छोटे थैले में थोड़ी देर के लिए रख दी। तब महाराज जी ने धीमे स्वर में कहा,"बूढ़े आदमी के अनुसार, मुझे पहले मथुरा जाना है, फिर वृंदावन।" यह विचार इतना दिव्य लगा, जैसे गंगा जी ने भी महाराज जी को अपने रास्ते पर धकेल दिया। अब महाराज जी जल्द ही अपने जीवन के अगले चरण में जा रहे हैं। पूरा दिन नदी को देखते हुए, वह बह रही थी और ठंडी थी, लेकिन यह सोचकर कि वह जल्द ही मथुरा जा रहे हैं, जहाँ उनके भगवान का जन्म हुआ था, उन्हें बहुत शांति महसूस हुई।

The days passed so delightfully. Maharaj Ji kept bathing, praying, and waiting for the right time. One morning the sky was clear, and the sun got warm but not so hot. Maharaj Ji bathed so early, dipping three times, and stood by the edge of the river. Then Maharaj Ji said in a soft voice, “Thank you,” by facing the Ganges River. Then Maharaj Ji picked up his bag, held it a bit tight, and looked to the west where the old man pointed, and with hope in his heart, Maharaj Ji moved his feet towards Mathura.

दिन बड़े आनन्द से बीतते गए। महाराज जी स्नान करते, प्रार्थना करते और सही समय का इंतजार करते रहे। एक सुबह आसमान साफ था, और सूरज गर्म हो गया लेकिन इतना भी नहीं था। महाराज जी जल्दी नहाते, तीन बार डुबकी लगाते और नदी के किनारे खड़े हो जाते । तब महाराज जी ने गंगा नदी का सामना करते हुए कोमल आवाज में कहा, "धन्यवाद"। तब महाराज जी ने

अपना थैला उठाया, उसे थोड़ा कसकर पकड़ लिया, और पश्चिम की ओर देखा जहाँ बूढ़े आदमी ने इशारा किया था, और अपने दिल में उम्मीद के साथ, महाराज जी ने अपने पैर मथुरा की ओर बढ़ाए।

Maharaj Ji walked away from the city of Varanasi on the dusty road. Now the Ganges was behind him; now its water and its memories were in his heart, but for the first time Maharaj Ji had to go to Mathura. The road was too long on which he was travelling, and Maharaj Ji was alone on a long spiritual journey, but like always, Maharaj Ji didn't lose his hope. In fact, with his calm mind, he moved his feet slowly in the direction of Mathura with curiosity and excitement that now he was getting closer to his god.

महाराज जी वाराणसी शहर से दूर धूल भरी सड़क पर चले गए। अब उनके पीछे गंगा थी,उनका पानी और उनकी यादें उनके दिल में थीं, लेकिन पहले महाराज जी को मथुरा जाना था। वह रास्ता बहुत लंबा था जिस पर वे यात्रा कर रहे थे, और महाराज जी लंबी आध्यात्मिक यात्रा पर अकेले थे, लेकिन हमेशा की तरह, महाराज

जी ने अपनी उम्मीद नहीं छोड़ी। वास्तव में, अपने शांत मन से, उन्होंने जिज्ञासा और उत्साह के साथ मथुरा की ओर धीरे-धीरे अपने पैर बढ़ाए कि अब वे अपने भगवान के करीब आ रहे हैं।

The sun climbed so high in the sky by warming the fields around Maharaj Ji. The trees made a line in his way, which felt like a precious gift for him in his ongoing hard journey, which helped Maharaj Ji a lot in resting a while. The birds sang so softly and pleasantly, which gave peace to Maharaj Ji. Not just this, but above all the nature elements, like all the trees, the clear and open sky, the holy river, all the people, and the pure-hearted animals, above all of them, gave Maharaj Ji peace.

सूरज महाराज जी के आसपास के खेतों को गर्म करके आसमान में ऊँचा चढ़ गया। पेड़ों ने उनके रास्ते में एक कतार बना दी, जो उनकी चल रही कठिन यात्रा में उनके लिए एक अनमोल उपहार की तरह लगा, जिससे महाराज जी को कुछ समय आराम करने में बहुत मदद मिली। पंछियाँ इतनी कोमलता और सुखदता से गाती थीं कि महाराज जी को शांति मिलती थी। इतना ही नहीं, बल्कि प्रकृति के सभी तत्वों से, सभी पेड़ो , स्वच्छ और खुला आकाश, पवित्र नदी, सभी लोग, और सभी से ऊपर शुद्ध मन के जानवरों ने महाराज जी को शांति दी।

Maharaj Ji's legs moved slowly because of many days of nonstop walking. Maharaj Ji held a bag on his shoulder with a clay idol of Lord Krishna. Maharaj Ji's stomach growled, but he didn't stop there. Maharaj Ji thought, by wiping sweat from his face, "My god is always with me."

कई दिनों तक बिना रुके चलने के कारण महाराज जी के पैर धीरे-धीरे चलते रहे। महाराज जी ने अपने कंधे पर भगवान कृष्ण की

मिट्टी की मूर्ति वाला एक थैला रखा था। महाराज जी का पेट गरजने लगा, लेकिन वे वहीं नहीं रुके। महाराज जी ने अपने चेहरे से पसीना पोंछते हुए सोचा, "मेरे भगवान हमेशा मेरे साथ हैं।"

Maharaj Ji had already gone far from the River Ganges but not from its memories: ____ bathing every day, facing hunger and cold, the floating boats, and the kids running in joy. But the Rasleela changed Maharaj Ji forever after watching Lord Krishna with his flute and Radha Rani dancing beside him, and that is the thing that made Maharaj Ji decided to start walking decide to the next stage for his journey for his god. Maharaj Ji slowly went there by moving step by step.

महाराज जी पहले ही गंगा नदी से बहुत दूर जा चुके थे, लेकिन यादों से दूर नहीं थेः हर दिन स्नान करना, भूख और ठंड का सामना करना, तैरती नौकाएं, और बच्चे खुशी से भाग रहे। लेकिन रासलीला ने भगवान कृष्ण को अपनी बांसुरी के साथ और राधा रानी को उनके बगल में नाचते हुए देखने के बाद महाराज जी को हमेशा के लिए बदल दिया, और यही वह बात थी जिसने महाराज जी को अपने भगवान के लिए अपनी यात्रा के लिए अगले चरण पर चलने का फैसला करने के लिए प्रेरित किया। महाराज जी धीरे-धीरे कदम-दर-कदम बढ़ते हुए वहाँ गए।

But the road is too long, crossing many of the villages and open lands. Thousands of people passed near Maharaj Ji: many of them were farmers, many were traders, and more. Some of them looked to Maharaj Ji with no shoes and clippers walking alone, but most of the people kept going on. But Maharaj Ji was always in his god thinking with a gentle smile on his face, which made him a happy mood person, as he always looked like a happy person. Maharaj Ji drank from the streams when he found them. Once, he saw a tree with fresh mangoes hanging low, and then Maharaj Ji soon jumped over the tree and took the fruit and ate it slowly, thanking God.

लेकिन सड़क बहुत लंबी थी, कई गाँवों और खुली भूमि को पार करती। हजारों लोग महाराज जी के पास से गुजरेः उनमें से कई किसान थे, कई व्यापारी थे, और भी बहुत कुछ। उनमें से कुछ ने बिना जूतों और चप्पल के अकेले चलते हुए महाराज जी की ओर देखा, लेकिन अधिकांश लोग चलते रहे। लेकिन महाराज जी हमेशा अपने चेहरे पर एक कोमल मुस्कान के साथ अपने भगवान के बारे में सोचते रहते, जिससे वे एक खुश मिज़ाज वाले व्यक्ति बनते गए, जैसा कि वे हमेशा एक खुश व्यक्ति की तरह दिखते । जब महाराज जी को नदियां मिलीं तो उन्होंने उनमें से पानी पिया। एक बार, उन्होंने एक पेड़ को नीचे लटकते हुए देखा, और फिर महाराज जी ने तुरंत पेड़ पर छलांग लगा दी और फल तोड़ा और भगवान को धन्यवाद देते हुए धीरे-धीरे उसे खाया।

As the days went on, Maharaj Ji's journey got harder and more painful, even more so than Varanasi because of the food, such rough weather sometimes, and the alone journey, but one evening something so magic happened. Maharaj Ji sat by the edge of the muddy road, resting his legs. Maharaj Ji’s stomach was empty again and growling loud. Then suddenly a cart rolled slowly and creakily, pulled by two cows, getting near to Maharaj Ji, and then just a sweet voice came. “Where are you going?” a young man asked Maharaj Ji with kid eyes, and then Maharaj Ji further said, “Mathura-Vrindavan.”

जैसे-जैसे दिन बीतते गए, महाराज जी की यात्रा वाराणसी से भी अधिक कठिन और दर्दनाक होती गई, क्योंकि भोजन, कभी-कभी खराब मौसम और अकेले यात्रा के कारण, लेकिन एक शाम

। महाराज जी अपने पैरों को आराम देते हुए सड़क के किनारे बैठ गए। महाराज जी का पेट फिर से खाली हो गया और जोर से गरजने लगा। फिर अचानक एक गाड़ी धीरे-धीरे और कर्कश रूप से लुढ़की, जिसे दो गायों ने खींचा, महाराज जी के पास पहुंची, और फिर बस एक मीठी आवाज़ आई। "कहाँ जा रहे हो?" एक युवक ने महाराज जी से बच्चों सी आँखों से पूछा, और फिर महाराज जी ने आगे कहा, "मथुरा-वृंदावन।"

Then he said, “I’m also going near to Mathura; you can join me and get up in my cart.” Maharaj Ji smiled and climbed up. The cart was made of hardwood, but after a long and hard journey, Maharaj Ji feels so good to sit and take a rest. The bulls start moving. “You’re looking so weak, my dear friend,” said the cart owner, then by holding his bag, Maharaj Ji replied, “I’m on my journey to find my lord, my lord Krishna.”

फिर उन्होंने कहा, "मैं भी मथुरा के पास जा रहा हूँ; आप मेरे साथ शामिल हो सकते हैं महाराज जी मुस्कुराए और ऊपर चढ़ गए। गाड़ी दृढ़ लकड़ी से बनी थी, लेकिन एक लंबी और कठिन यात्रा के बाद, महाराज जी को बैठकर आराम करने में बहुत अच्छा लगता। बैल चलने लगते हैं। "तुम बहुत कमजोर लग रहे हो, मेरे प्यारे दोस्त", गाड़ी के मालिक ने कहा, फिर अपना थैला पकड़े महाराज जी ने जवाब दिया, "मैं अपने स्वामी, मेरे भगवान कृष्ण को खोजने के लिए अपनी यात्रा पर हूँ।

Both of them together were going slowly to Mathura with small and sweet conversation, and then just the cart owner pulled out a roti from his bag and then gave it to Maharaj Ji by saying, “You are looking hungry; please accept this.” Maharaj Ji took it, saying, “Thank you,” and ate it slowly, which felt so delightful and tasty.

वे दोनों साथ में छोटी-छोटी और मीठी बातचीत करते हुए धीरे-धीरे मथुरा जा रहे थे, और फिर गाड़ी के मालिक ने अपने थैले से एक रोटी निकाली और फिर महाराज जी को यह कहकर दे दी, "आप भूखे लग रहे हैं, कृपया इसे स्वीकार करें।" महाराज जी ने रोटी ली, "धन्यवाद", और रोटी को महाराज जी ने धीरे-धीरे खाया, जो बहुत स्वादिष्ट **लगी** ।

After many hours travelling into the dark night from the evening, the sun slowly got up. Maharaj Ji woke up slowly, and then soon the cart owner stopped the cart near a small town. Maharaj Ji soon got up and moved out from the cart and then, with a warm heart, said, “Thank you,” holding both of his hands. Then the cart owner said, “Look, with just some steps, you’re in Mathura, my friend. May God always be with you.” After this, Maharaj Ji moved his feet to the place where the person pointed.

शाम से अंधेरी रात में कई घंटों की यात्रा के बाद, सूरज धीरे-धीरे उठा। महाराज जी धीरे-धीरे उठे और फिर जल्द ही गाड़ी के मालिक ने एक छोटे से शहर के पास गाड़ी रोक दी। महाराज जी जल्द ही उठ खड़े हुए और गाड़ी से बाहर निकल गए और फिर, अपने दोनों हाथ पकड़े हुए, "धन्यवाद" कहा। तब गाड़ी के मालिक ने कहा, "देखो, कुछ ही कदमों के साथ, तुम मथुरा में होंगे, मेरे दोस्त। भगवान हमेशा आपके साथ रहें "। इसके बाद महाराज जी ने अपने पैर उस जगह पर रख दिए जहाँ उस व्यक्ति ने इशारा किया था।

After covering a long distance, soon Maharaj Ji saw something. Maharaj Ji saw big walls and a roof, smoke rising from the houses. Maharaj Ji heard many of the bells’ soft sounds, the same as in Varanasi but a bit different. Then Maharaj Ji saw the Yamuna River, shining blue and so calm, cutting through the land. Then Maharaj Ji just whispered a little, “Mathura”.

लंबी दूरी तय करने के बाद महाराज जी ने जल्द ही कुछ देखा। महाराज जी ने बड़ी-बड़ी दीवारें और एक छत देखी, घरों से धुआं निकल रहा था। महाराज जी ने कई घंटियों की कोमल आवाज़ें सुनीं, वाराणसी की तरह ही लेकिन थोड़ी अलग। तब महाराज जी ने यमुना नदी को देखा, जो नीली चमक रही थी और शांत थी तब महाराज जी ने थोड़ा सा फुसफुसाकर कहा, "मथुरा।"

Maharaj Ji saw many big temples, but they were too high, and many people moved here and there praying and talking. Finally, Maharaj Ji reached the edge of Mathura. Maharaj Ji's legs were shaking with joy for his god, but he felt so strong. The air smelt of flowers and sweets. Soon, Maharaj Ji got near to the edge of the river Yamuna; its water was so close now. Then, Maharaj Ji took a deep breath.

महाराज जी ने कई बड़े-बड़े मंदिर देखे, लेकिन वे बहुत ऊँचे थे, और कई लोग इधर-उधर बातें करते घूमते और प्रार्थना करते अंत में महाराज जी मथुरा के किनारे पर पहुँचे। महाराज जी के पैर अपने भगवान के लिए खुशी से कांप रहे थे, लेकिन उन्हें बहुत ताकत महसूस हो रही थी। हवा से फूलों और मिठाइयों की मधुर ख़ुशबू आ रही थी। महाराज जी जल्द ही यमुना नदी के किनारे पहुँच गए; फिर महाराज जी ने एक गहरी सांस ली।

Chapter 7 Keshav Dev

Mathura looked so glorious; the temples looked so high, their bells ringing so softly, and many people moved their feet so fast. The holy river Yamuna Ji flowed so softly and slowed its blue and cool water, hugging the buzzing city. Maharaj Ji soon sat by the river in the shades of twinkling stars. Soon after some time, Maharaj Ji thought, 'I'm so close with my lord,' while hugging his bag and letting tears come into Maharaj Ji's eyes.

मथुरा भव्य लग रहा था; मंदिर ऊँचे लग रहे थे, उनकी घंटियाँ धीरे-धीरे बज रही थीं, और कई लोग अपने पैर तेजी से हिला रहे थे। पवित्र नदी यमुना जी धीरे से बहती और अपने नीले और ठंडे पानी को धीमा कर देती। महाराज जी जल्द ही चमकते सितारों की छाया में नदी के किनारे बैठ गए। कुछ देर बाद महाराज जी ने अपने थैले को गले लगाते हुए सोचा, 'मैं अपने स्वामी के बहुत करीब हूँ।'

The days passed like the soft flowing water inside the Yamuna Ji. Maharaj Ji walked by the streets and bathed in the Yamuna Ji every morning while dipping under it for about three times while thinking of Ganga Ji [she is my mother]. Sometimes Maharaj Ji's stomach grew a bit because of no food; sometimes it continued for many days, but Maharaj Ji stayed strong while thinking about his god. While thinking about his god, the days stayed so hard and painful .

यमुना जी के अंदर कोमल बहते पानी की तरह दिन बीतते गए। महाराज जी हर सुबह सड़कों पर चलते और गंगा जी (वह मेरी माँ हैं) के बारे में सोचते हुए लगभग तीन बार यमुना जी में डुबकी लगाते हुए स्नान करते थे। कभी भोजन न होने के कारण महाराज जी का पेट गरगराने लग जाता , और भूख प्यास कई दिनों तक चलती रहती थी, लेकिन महाराज जी अपने भगवान के बारे में सोचते-सोचते स्थिर रहे। अपने भगवान के बारे में सोचते हुए, दिन कठिन और दर्दनाक रहे ।

One morning, Maharaj Ji heard from some people about **[Keshav Dev**] and about the Lord Krishna temple, which looked so high and holy, and here, just after hearing about it, Maharaj Ji got so excited he soon stood up while saying, [That’s the place of my god; I should go there to get glimpses of my lord]. A place where Lord Krishna showed me their glimpses of wisdom, so Maharaj Ji decided, while holding his bag on his shoulder, to move both of his feet with getting hope in his heart .

एक सुबह, महाराज जी ने कुछ लोगों से **केशव देव** के बारे में और भगवान कृष्ण मंदिर के बारे में सुना, जो ऊँचा और पवित्र लग रहा था, और यहाँ, इसके बारे में सुनकर महाराज जी इतने उत्साहित हो गए कि वे तुरंत खड़े हो गए और कहा, [यह मेरे भगवान का स्थान है, मुझे अपने भगवान की झलक पाने के लिए वहाँ जाना चाहिए]।

एक ऐसी जगह जहाँ भगवान कृष्ण ने मुझे उनके ज्ञान की झलकियाँ दिखाईं, इसलिए महाराज जी ने अपने थैले को अपने कंधे पर रखते हुए, अपने दोनों पैरों को अपने दिल में आशा के साथ वहाँ चलने का फ़ैसला किया।

The road to the holy temple was full of carts, cows, and lots of people. Maharaj Ji walked while getting hope in his eyes, his feet moving the dust from the ground. The sun rose slowly, not so shiny as well as not so bright but full of warm wisdom. Here Maharaj Ji kept moving his feet until he got close to the Keshav Dev. Soon after some time and a long journey, Maharaj Ji got a view of a temple which looked so high and tall and its large gates, and just after getting a view of it, Maharaj Ji wondered so brightly while thinking he was finally reached there, close to his god. Maharaj Ji wasn't able to control his feet and got moved so near to the holy temple.

पवित्र मंदिर का रास्ता गाड़ियों, गायों और बहुत से लोगों से भरा हुआ था। महाराज जी अपनी आँखों में आशा लेते हुए चले, उनके पैर जमीन से धूल हिलाते हुए चलते रहे। सूरज धीरे-धीरे उग आया, इतना चमकीला नहीं था और न ही इतना रौशन पूर्वक, लेकिन गर्म ज्ञान से भरा। यहाँ महाराज जी केशव देव के करीब पहुँचने तक अपने पैर चलाते रहे। कुछ समय और लंबी यात्रा के बाद, महाराज जी को एक मंदिर का दृश्य देखने को मिला, जो ऊँचा और भव्य दिखाई दिया, बड़े-बड़े द्वार, और केशव देव देखने के तुरंत बाद, महाराज जी ने यह सोचकर आश्चर्यचकित हो गए कि वे आखिरकार अपने भगवान के पास पहुँच रहे हैं। महाराज जी अपने पैरों को नियंत्रित नहीं कर पाए और पवित्र मंदिर के पास चले गए।

Soon, within a short time period, Maharaj Ji stepped inside the holy temple. The air felt so quiet and calm, with a vibe closer to God. Soon after getting into the temple, Maharaj Ji saw a large statue of Lord Krishna, standing straight and tall with a gentle smile, looking so soft and kind. Maharaj Ji stopped, his breath gone a little bit, like he had seen his god in reality, as for him this is not just a statue; this is the wise view of his god, which is standing so gloriously in front of him. The temple smelt of flowers and the oil lamps with ringing bells, but Maharaj Ji looked so kind and emotional.

कुछ ही समय में महाराज जी ने पवित्र मंदिर के अंदर कदम रखा। हवा शांत और पवित्र महसूस कर रही थी कि एक ऐसा माहौल था जो भगवान के करीब था। मंदिर में प्रवेश करने के तुरंत बाद, महाराज जी ने भगवान कृष्ण की एक बड़ी मूर्ति देखी, जो सीधी और लंबी खड़ी थी, एक कोमल मुस्कान के साथ, इतनी कोमल और दयालु लग रही थी। महाराज जी रुक गए, उनकी सांसें थोड़ी सी रुक सी गईं, जैसे उन्होंने अपने भगवान को वास्तव में देख लिया हो, क्योंकि उनके लिए यह सिर्फ एक मूर्ति नहीं है, यह उनके भगवान का भव्य दृश्य है, जो उनके सामने इतनी भव्यता से खड़ा है। मंदिर से फूलों की मधुर ख़ुशबू आती और घंटी बजने वाले तेल के दीये, लेकिन महाराज जी बहुत दयालु और भावुक लग रहे थे।

Maharaj Ji moved his feet closer while beating his heart so fast and quickly; his face looked so kind and emotional, and the tears wanted to come out from his eyes at any moment. Maharaj Ji's bag got dropped because of shaking hands and legs while watching the great statue of Lord Krishna, Maharaj Ji said in his gentle and polite tone, 'My Lord.'

महाराज जी अपने हृदय को तेजी से धड़कते हुए अपने पैरों को पास ले गए; उनका चेहरा दयालु और भावुक लग रहा था, और

उनकी आँखों से आँसू किसी भी क्षण बाहर आना चाहते थे। भगवान कृष्ण की महान प्रतिमा को देखते हुए हाथ-पैर कंपकँपाने के कारण महाराज जी का थैला गिर गया, महाराज जी ने अपने कोमल और विनम्र स्वर में कहा, 'मेरे भगवान।

Just like the Lord Krishna statue, Maharaj Ji also stood like a living statue, as like a warm wave of wisdom hit him. Maharaj ji chest felt full of emotion while tears wanted to come out. Within a single second, Maharaj Ji fell to his knees without being able to control himself, shaking the whole body after getting glimpse of Lord Krishna. The tears were continuously flowing out , and Maharaj Ji felt light and heavy at the same time, Soon when Maharaj Ji couldn't control his body anymore, he started crying like a child who meets his/her parents after a long time. Maharaj Ji couldn't control his heart and let it flow with heavy tears and emotions, crying like a small kid while holding both of his hands and looking at the Lord Krishna statue.

भगवान कृष्ण की मूर्ति की तरह, महाराज जी भी एक जीवित मूर्ति की तरह खड़े थे, जैसे ज्ञान की गर्म लहर उन्हें छू रही हो। महाराज जी की छाती भावनाओं से भरी हुई थी, जबकि आँसू बाहर आना चाहते थे किसी भी पल, महाराज जी खुद को नियंत्रित किए बिना घुटनों पर गिर गए, भगवान कृष्ण की एक झलक ने पूरे शरीर को हिलाकर रख दिया। आँसू लगातार बह रहे थे, और महाराज जी को एक ही समय में हल्का और भारी महसूस हो रहा था, जल्द ही जब महाराज जी अपने शरीर को नियंत्रित नहीं कर सके, तो वे एक बच्चे की तरह रोने लगे जो लंबे समय के बाद अपने माता-पिता से मिल रहा हो। महाराज जी अपने हृदय को नियंत्रित नहीं कर सके और उसे भारी आँसू और भावनाओं के साथ बहने दिया, अपने दोनों

हाथों को पकड़े हुए और भगवान कृष्ण की मूर्ति को देखते हुए एक छोटे बच्चे की तरह रोए, दिल खोल के रोए।

Maharaj Ji's heart rise like the moon in the sky, full of stars, and on that day, Maharaj Ji cried a lot in the glory of Lord Krishna.People around stared watching to Maharaj Ji, who saw a young boy crying a lot in front of the Lord Krishna statue, but for Maharaj Ji, all the things looked blurry except Lord Krishna in front of him. Soon after a few seconds, Maharaj Ji got to listen to and feel the same flute that was played in the respected Rasleela back in Varanasi.

महाराज जी का हृदय आकाश में चंद्रमा की तरह, तारों से भरा हुआ था, और उस दिन महाराज जी भगवान कृष्ण की महिमा में बहुत रोए। महाराज जी के आसपास के लोग महाराज जी को देखते रहे, जिन्होंने भगवान कृष्ण की मूर्ति के सामने एक युवा लड़के को बहुत रोते हुए देखा, लेकिन महाराज जी के लिए, उनके सामने भगवान कृष्ण को छोड़कर सब कुछ धुंधला लग रहा था। कुछ ही क्षणों के बाद महाराज जी को वही बांसुरी सुनने और महसूस करने का मौका मिला जो वाराणसी में सम्मानित रासलीला में बजाई गई थी।

While Maharaj Ji was crying and getting a view of his lord Krishna, soon a holy man walked inside the temple; his face looked old but so calm. So the respected person watched Maharaj Ji, and soon, without letting a single second pass, the respected person said, 'My dear child,' in his low and polite voice, but Maharaj Ji didn't respond to him as he fully emerged into his lord's glory. After this, the holy man smiled a bit in a gentle manner and said again in his low and calm tone, 'You've got a big heart, my dear child!' Where are you from? But here Maharaj Ji didn't respond to him first, but when the wise man put his hand on Maharaj Ji's shoulder and shook him in a gentle and polite manner, then Maharaj Ji came back to reality, but not fully, and after a while Maharaj Ji wiped his eyes and said, 'Akhri, I came to find my lord.'

जब महाराज जी रो रहे थे और अपने भगवान कृष्ण के दर्शन कर रहे थे, जल्द ही एक पवित्र व्यक्ति मंदिर के अंदर के अन्दर चले गए ; उनका चेहरा पुराना लेकिन शांत लग रहा था। तो सम्मानित व्यक्ति ने महाराज जी को देखा, और जल्द ही, एक सेकंड भी जाने दिए बिना, सम्मानित व्यक्ति ने अपनी नीची और विनम्र आवाज़ में कहा, 'मेरे प्यारे बच्चे', लेकिन महाराज जी ने उन्हें कोई जवाब नहीं दिया क्योंकि वे अपने स्वामी की महिमा में पूरी तरह से उभरे थे। इसके बाद, पवित्र व्यक्ति थोड़ा सौम्य तरीके से मुस्कुराए और अपने शांत स्वर में फिर से कहा, 'आपका दिल बड़ा है, मेरे प्यारे बच्चे!' आप कहाँ से हैं? लेकिन यहां महाराज जी ने पहले उन्हें जवाब नहीं दिया, लेकिन जब पवित्र व्यक्ति ने महाराज जी के कंधे पर हाथ रखा और उन्हें विनम्रता से हिलाया, तो महाराज जी वास्तविकता में वापस आ गए, लेकिन पूरी तरह से नहीं, और थोड़ी देर बाद महाराज जी ने अपनी आंखें पोंछीं और कहा, 'अखरी, मैं अपने स्वामी को ढूंढने आया हूं।

The holy man sat beside Maharaj Ji and said in a low and calm tone, 'You're young, my son, but with too much strong heart, which is filled with god worship. God is everywhere, my son, in the temples and in the kind-hearted people and animals, as well as in you. The almighty is present everywhere.'

संत महाराज जी के बगल में बैठ गए और धीमे और शांत स्वर में कहा, 'तुम जवान हो, मेरे बेटे, लेकिन बहुत मजबूत दिल के साथ, जो भगवान की पूजा से भरा हुआ है। भगवान हर जगह हैं, मेरे बेटे,

मंदिरों में और दयालु लोगों और जानवरों में, साथ ही आप में भी हैं। सर्वशक्तिमान हर जगह मौजूद है '।

Soon after saying this to Maharaj Ji, the holy man again said in his polite tone, 'Do you know about Vrindavan?' Many people call this the place of God, where they lived a long time ago in history. I think you made for that place. I think you have to go there. Just after listening to this, Maharaj Ji's heart jumped a bit, and without losing a single second, Maharaj Ji made up his mind to go there as soon as possible.

महाराज जी से यह कहने के बाद, संत ने फिर से अपने विनम्र स्वर में कहा, 'क्या आप वृंदावन के बारे में जानते हैं?' बहुत से लोग इसे भगवान का स्थान कहते हैं, जहाँ वे इतिहास में बहुत समय पहले रहते थे। मुझे लगता है कि आपको वहाँ जाना चाहिए। यह सुनकर महाराज जी का दिल थोड़ा उछल पड़ा और एक सेकंड भी गंवाए बिना महाराज जी ने जल्द से जल्द वहाँ जाने का मन बना लिया।

The respected man stood up slowly while saying in his slowed voice, 'Come, my son. You're always welcome there; the place is waiting for you,' while waving his hands. Soon, just after listening to this, Maharaj Ji also got back to reality fully and watched the respected man while grabbing his bag and standing in a quick manner and saying, 'Thank you,' with his polite heart in a soft and sweet voice tone. Soon after this, Maharaj Ji just thought, 'I have to go there as soon as possible.'

सम्मानित व्यक्ति अपनी धीमी आवाज में धीरे-धीरे उठे और कहा, 'आओ, मेरे बेटे । वहाँ आपका हमेशा स्वागत है, और फिर हाथ हिलाते हुए कहा वह पवित्र जगह आपका इंतजार कर रही है, यह सुनने के तुरंत बाद, महाराज जी भी पूरी तरह से वास्तविकता में

वापस आ गए और सम्माननीय व्यक्ति को अपना थैला पकड़ते हुए और तेजी से खड़े होकर अपने विनम्र दिल से कोमल और मधुर स्वर में 'धन्यवाद' कहते हुए देखा। इसके तुरंत बाद महाराज जी ने सोचा, 'मुझे जल्द से जल्द वहाँ जाना है।'

Maharaj Ji soon, while taking Lord Krishna's blessing, left the temple with hope and glory to reach where his god once lived so happily while playing with his friends. Maharaj Ji, after coming from the Keshav Dev temple, lay by the edge of the Yamuna River, as the ground felt so soft because he was on the soft and green grass, and the whole day moved so pleasantly in the shine of the Keshav Dev temple. The sundown slowed, and the twinkling stars slowly started to capture the whole wide sky. Maharaj Ji said in his mind, 'I can feel you, my god, that you're too close to me. I'm so grateful.'

महाराज जी जल्द ही, भगवान कृष्ण का आशीर्वाद लेते हुए, आशा और महिमा के साथ मंदिर से बाहर पहुँच गए और उस जगह के बारे में सोचने लगे जहाँ उनके भगवान कभी अपने दोस्तों के साथ खेलते हुए खुशी से रहते थे। महाराज जी, केशव देव मंदिर से आने के बाद, यमुना नदी के किनारे लेटे , क्योंकि जमीन नरम महसूस कर रही थी और पूरा दिन केशव देव मंदिर की चमक में सुखद बीतता गया। सूर्यास्त धीमा हो गया और टिमटिमाते सितारों ने धीरे-धीरे पूरे आकाश पर कब्जा करना शुरू कर दिया। महाराज जी ने अपने मन में कहा, 'हे भगवान, मुझे लगता है कि आप मेरे बहुत करीब हैं। मैं बहुत आभारी हूं '।

Maharaj Ji slept deep while dreaming of flutes, Lord Krishna, and Radha Rani. The journey is not so long but still painful, but as like before, Maharaj Ji never loses his hope while thinking about God while thinking about his **mother's blessing.**

महाराज जी बांसुरी, भगवान कृष्ण और राधा रानी के सपने देखते हुए गहरी नींद सो गए। यात्रा इतनी लंबी नहीं है, फिर भी कठिन है , लेकिन पहले की तरह, महाराज जी अपनी माँ के आशीर्वाद के बारे में सोचते हुए भगवान के बारे में सोचते हुए अपनी आशा कभी नहीं खोई ।

Maharaj Ji walked into Vrindavan, the city of Lord Krishna, with love and courage in the hearts of every person who lived here, in the hearts of every person who travelled here, the tears of love in their eyes, and the faith for God in Maharaj Ji's heart. Today Maharaj Ji feel so delight today while stepping on the edge of the city Maharaj Ji feels finally complete as the sense of incompleteness now finally gone and Maharaj Ji can now takes the breath of wisdom and freedom after coming to there .

महाराज जी भगवान कृष्ण के शहर वृंदावन में, यहाँ रहने वाले हर व्यक्ति के दिलों में, यहाँ यात्रा करने वाले हर व्यक्ति के दिलों में, उनकी आँखों में प्यार के आँसू, और महाराज जी के दिल में भगवान के लिए विश्वास के साथ चलते गए। आज महाराज जी को शहर के किनारे पर कदम रखते हुए बहुत खुशी हो रही है, महाराज जी को लगता है कि आखिरकार अपूर्णता की भावना समाप्त हो

गई है और महाराज जी अब वहां आकर ज्ञान और स्वतंत्रता की सांस ले सकते हैं।

The sunrise was soft in the sky, looking warm and shiny but not burning, and the air smelt sweet like the flower and the earth, which mixed together well. Maharaj Ji was standing straight on the edge of the holy city Vrindavan while holding his bag and being blessed by Lord Krishna. Now finally Maharaj Ji's dream is visible to complete while having faith in God. Now finally Maharaj Ji was there, in Vrindavan, also called Lord Krishna's home, which felt like the world of wisdom.

सूर्योदय आकाश में नरम था, गर्म और चमकदार लग रहा था लेकिन जल नहीं रहा था, और हवा फूल और पृथ्वी की तरह मीठी लग रही थी, जो एक साथ अच्छी तरह से मिश्रित थे। महाराज जी अपना थैला पकड़े हुए और भगवान कृष्ण का आशीर्वाद लेते हुए पवित्र शहर वृंदावन के किनारे खड़े थे। अब आखिरकार भगवान में विश्वास रखते हुए महाराज जी का सपना पूरा होता दिखाई दे रहा है। अब अंत में महाराज जी वृंदावन में थे, जिसे भगवान कृष्ण का घर भी कहा जाता था, जो ज्ञान की दुनिया की तरह महसूस होता था।

But the journey from Mathura to here wasn't so long – under one or two days – with the help of devotees who also wanted to immerse themselves in the glory of God, like or with Maharaj Ji. But every step of Maharaj Ji from Mathura to here felt so big because of excitement to immerse himself in the glory of his lord. The road was not so long but felt even much longer than past times. Maharaj Ji watched every nature glimpse while on his journey: the large and green field, big and huge trees, many carts that rolled over the dusty roads, and many pure-hearted animals.

लेकिन मथुरा से यहाँ तक की यात्रा इतनी लंबी नहीं थी-एक या दो दिनों में-उन भक्तों की मदद से जो महाराज जी की तरह या उनके साथ भगवान की महिमा में खुद को विसर्जित करना चाहते थे। लेकिन मथुरा से यहां तक महाराज जी का हर कदम अपने स्वामी की महिमा में खुद को विसर्जित करने के उत्साह के कारण बहुत बड़ा लगता रहा । रास्ता इतना लंबा नहीं था लेकिन पिछले समय की तुलना में बहुत लंबा महसूस हुआ। महाराज जी ने अपनी यात्रा के दौरान प्रकृति की हर झलक देखीः विशाल और हरे-भरे मैदान, बड़े और विशाल पेड़, धूल भरी सड़कों पर लुढ़कने वाली कई गाड़ियाँ, और कई शुद्ध दिल वाले जानवर।

Soon after an exciting journey, Maharaj Ji was able to see the holy city of Vrindavan, small houses, big and huge temples, and the soft ringing bells which Maharaj Ji could hear from every corner of the holy city, as well as the floating song in the air, which gave Maharaj Ji a feeling of his god. Maharaj Ji was not able to control his tears, which wanted to come out from his eyes soon after watching the great view of the holy city. Maharaj Ji said in his sweet and calm tone, 'Radhe Krishana', while taking deep and long breaths and getting tears in his eyes. Maharaj Ji watched with his wide and hopeful eyes the long and grounded streets, the ringing soft and so pleasant bells, and many monkeys jumping between the trees. The huge temples stood shiny everywhere, as well as their walls, also painted with pictures of Lord Krishna and Radha Rani. Soon after watching this all, Maharaj Ji said in a slowed and polite tone, 'My home.'

एक रोमांचक यात्रा के बाद, महाराज जी ने पवित्र शहर वृंदावन, छोटे-छोटे घरों, बड़े-बड़े मंदिरों और पवित्र शहर के हर कोने से महाराज जी को सुनाई देने वाली कोमल घंटियों के साथ-साथ हवा में तैरते हुए गीत को देखा, जिससे महाराज जी को अपने भगवान

का एहसास हुआ। महाराज जी अपने आंसुओं को नियंत्रित नहीं कर पाए, जो पवित्र शहर के भव्य दृश्य को देखकर उनकी आँखों से जल्द ही निकलने लगे। महाराज जी ने गहरी और लंबी सांस लेते हुए और आँखों में आँसू लाते हुए अपने मधुर और शांत स्वर में कहा, 'राधे कृष्ण'। महाराज जी अपनी आशावादी आँखों से लंबी और जमीन से ढकी सड़कों, बजने वाली कोमल और इतनी सुखद घंटियों और पेड़ों के बीच कूदने वाले कई बंदरों को देख रहे थे। विशाल मंदिर हर जगह चमकते, साथ ही उनकी दीवारें भी भगवान कृष्ण और राधा रानी के चित्रों से चित्रित थीं। यह सब देखने के तुरंत बाद महाराज जी ने धीमे और विनम्र स्वर में कहा, 'मेरा घर।

Maharaj Ji didn't know where to go, but it didn't matter, as Maharaj Ji's bag had nothing, just a priceless and respected clay idol of Lord Krishna. Soon Maharaj Ji stepped inside the holy city and walked side by side with Yamuna Ji. Maharaj Ji dipped both of his hands inside the water of Yamuna Ji and splashed it on his face while saying softly, 'Thank you, Yamuna Ji, for bringing me here.'

महाराज जी को नहीं पता था कि कहाँ जाना है, लेकिन इससे कोई फर्क नहीं पड़ता था, क्योंकि महाराज जी के थैले में कुछ भी नहीं था, बस भगवान कृष्ण की एक अमूल्य और सम्मानित मिट्टी की मूर्ति थी। जल्द ही महाराज जी ने पवित्र शहर के अंदर कदम रखा और यमुना जी के साथ कंधे से कंधा मिलाकर चले। महाराज जी ने अपने दोनों हाथ यमुना जी के पानी में डुबोए और अपने चेहरे पर छिड़कते हुए धीरे से कहा, 'धन्यवाद, यमुना जी, मुझे यहाँ लाने के लिए।'

Vrindavan, with small shops and houses but big and large trees or temples, shows how close the people here are to nature and god in a perfect balance, and by this Maharaj Ji felt so good and pleasant. The streets of the holy city looked so twisted but full of life, with the cows chewing grass, kids playing around with the blessing of Lord Krishna, and the soft ringing bells which have been heard everywhere in the whole surrounding area.

छोटी-छोटी दुकानों और घरों के साथ-साथ बड़े-बड़े पेड़ों और मंदिरों वाले वृंदावन से पता चलता है कि यहाँ के लोग प्रकृति और भगवान के कितने करीब हैं, और इससे महाराज जी को अच्छा और सुखद महसूस होता है। पवित्र शहर की सड़कें इतनी घुमावदार लेकिन जीवन से भरी लग रही थीं, जिसमें गायें घास चबा रही थीं, बच्चे भगवान कृष्ण के आशीर्वाद के साथ खेल रहे थे, और कोमल घंटी बज रही थी जो पूरे आसपास के क्षेत्र में हर जगह सुनाई दे रही थी।

Maharaj Ji sat outside of a huge temple while holding his back against a pillar. The temple was simple with a small statue of Lord Krishna. Soon Maharaj Ji thought while getting his hands together and watching the open and wide sky, the rising sun, and the floating clouds, which floated in the same direction as the air in different shapes but looked so pleasant. Soon Maharaj Ji thought, [Finally I'm here, my lord.]

महाराज जी एक विशाल मंदिर के बाहर एक स्तंभ पर पीठ थामे बैठे थे। भगवान कृष्ण की एक छोटी सी मूर्ति के साथ मंदिर सरल था। जल्द ही महाराज जी ने हाथ जोड़कर खुले और चौड़े आकाश, उगते सूरज और तैरते बादलों को देखते हुए सोचा, जो अलग-अलग आकारों में हवा के साथ एक ही दिशा में तैरते । महाराज जी ने जल्द ही सोचा, [आखिरकार मैं यहाँ हूँ, मेरे स्वामी।]

The days turned into weeks, and here Maharaj Ji was fully wrapped into the glory of Vrindavan. Maharaj Ji stayed by the temples, sleeping on the mat outside the temples under the shine of twinkling stars and with the blessing of Lord Krishna and Radha Rani.

दिन हफ्तों में बदल गए, और यहाँ महाराज जी वृंदावन की महिमा में पूरी तरह से लिपटे हुए थे। महाराज जी मंदिरों के पास रहे, मंदिरों के बाहर चटाई पर टिमटिमाते सितारों की चमक के नीचे और भगवान कृष्ण और राधा रानी के आशीर्वाद से सोए।

Every morning, he'd wake early, bathe in the Yamuna, and sit by the water, praying. "Lord Krishna," he'd say softly, "I'm here. Radha Rani." His voice mixed with the river's sound, and he felt them listening. "I walked so far," he thought. "Now I'm home."

हर सुबह वह जल्दी उठते थे, यमुना में स्नान करते थे और पानी के पास बैठ कर प्रार्थना करते थे। "भगवान कृष्ण", वह धीरे से कहते, "मैं यहाँ हूँ। राधा रानी। "उनकी आवाज़ नदी की आवाज़ के साथ मिल गई, और उन्होंने महसूस किया कि वे सुन रही है। "मैं इतनी दूर चला आया ", महाराज जी ने सोचा। "अब मैं घर पर हूँ।"

Every morning Maharaj Ji wakes up early, bathes in the holy river Yamuna Ji, and sits by the edge of the water and prays softly, thinking, 'I'm here, my lord.'

हर सुबह महाराज जी जल्दी उठते, पवित्र नदी यमुना जी में स्नान करते, और पानी के किनारे बैठते और धीरे से प्रार्थना करते, यह सोचकर, 'मैं यहाँ हूँ, मेरे स्वामी।'

Maharaj Ji, with his pure and polite heart, always keeps praying in such a positive manner after a long and painful journey, but sometimes, like before, Maharaj Ji still isn't able to feed himself, but he never loses hope and just keeps praying and always in meditation for his god while listening to stories from a wise man about Vrindavan, about Lord Krishna, and about Radha Rani. And, like Maharaj Ji's elder brother's stories from the holy book, here, with the same positive and spiritual manner, Maharaj Ji takes lots of interest in listening to those stories.

महाराज जी, अपने शुद्ध और विनम्र हृदय से, एक लंबी और कठिन यात्रा के बाद हमेशा सकारात्मक तरीके से प्रार्थना करते रहते, लेकिन कभी-कभी, पहले की तरह, महाराज जी अभी भी अपना पेट नहीं भर पाते, लेकिन वे कभी उम्मीद नहीं खोते और बस प्रार्थना करते रहते हैं और हमेशा अपने भगवान के लिए ध्यान में रहते हैं, जबकि एक बुद्धिमान व्यक्ति से वृंदावन, भगवान कृष्ण और राधा रानी के बारे में कहानियां सुनते। और, महाराज जी के बड़े भाई की पवित्र ग्रंथ की कहानियों की तरह, यहाँ, उसी सकारात्मक और आध्यात्मिक तरीके से, महाराज जी उन कहानियों को सुनने में बहुत रुचि लेते।

Vrindavan is full of temples, of which many are big, but some of them are small, but one thing is common: all are singing by the name of Lord Krishna. Maharaj Ji walked into them while stepping inside the temples, looking at the Lord Krishna and Radha Rani statue with his gentle eyes while thinking, 'You're my lord, I'm yours.' While praying, even for a whole day, many people joined Maharaj Ji, and all of them started praying together and being fully immersed into the glory of God while taking their hands together and saying in a soft and polite manner, 'Radhe-Radhe.'

वृंदावन मंदिरों से भरा हुआ है, जिनमें से कई बड़े हैं, लेकिन उनमें से कुछ छोटे हैं, लेकिन एक बात समान है: सभी भगवान कृष्ण के नाम से गा रहे हैं। मंदिरों के अंदर कदम रखते हुए महाराज जी

भगवान कृष्ण और राधा रानी की मूर्ति को अपनी कोमल आंखों से देखते हुए उनमें चले गए, यह सोचते हुए कि 'तुम मेरे स्वामी हो, मैं तुम्हारा हूँ।' प्रार्थना करते हुए, पूरे दिन के लिए भी, कई लोग महाराज जी के साथ शामिल हो गए, और वे सभी एक साथ प्रार्थना करने लगे भगवान की महिमा में पूरी तरह से डूबे हुए, एक साथ हाथ पकड़कर और कोमल और विनम्र तरीके से, 'राधे-राधे' कहने लगे।

Maharaj Ji sat by the river Yamuna Ji in the holy city Vrindavan. Maharaj Ji's thin legs touched the soft grass of the holy city. Days passed so pleasantly as regularly the sun rose so high, warming the water, air and the whole city with the wisdom of Lord Krishna and Radha Rani. Maharaj Ji, as usual, moved near to Yamuna Ji and bathed properly while nourishing his soul in the water of the holy city, and after this, Maharaj Ji prayed to Lord Krishna and Radha Rani.

महाराज जी पवित्र शहर वृंदावन में यमुना जी नदी के किनारे बैठे थे। महाराज जी के पतले पैर पवित्र शहर की कोमल घास को छूए। दिन इतने सुखद ढंग से बीतते गए, कि भगवान कृष्ण और राधा रानी के ज्ञान से पानी, हवा और पूरे शहर को गर्म करते हुए नियमित रूप से सूरज इतना ऊँचा हो जाता। महाराज जी, हमेशा की तरह, यमुना जी के पास गए और पवित्र शहर के पानी में अपनी आत्मा का पोषण करते हुए ठीक से स्नान किया, और इसके बाद महाराज जी ने भगवान कृष्ण और राधा रानी से प्रार्थना की।

But one day, Maharaj Ji didn't feel right. In the morning, Maharaj Ji woke slowly while holding his stomach. Maharaj Ji assumed this occurred because of hunger, but this pain felt so sharp and deep. Soon Maharaj Ji ignored it while rubbing his stomach and moved near to Yamuna Ji to take a bath and nourish his body and soul.

लेकिन एक दिन महाराज जी को अच्छा नहीं लगा। सुबह महाराज जी अपना पेट पकड़े हुए धीरे-धीरे उठे। महाराज जी ने मान लिया कि यह भूख के कारण हुआ है, लेकिन यह दर्द बहुत तेज और गहरा महसूस हुआ। जल्द ही महाराज जी ने अपने पेट को रगड़ते हुए इसे नजरअंदाज कर दिया स्नान करने और उनके शरीर और आत्मा को पोषण देने के लिए यमुना जी के पास चले गए।

Days are getting passed like the sun and the moon in the sky, but the pain is getting worse and deep; also, it is spreading on the left side of the ribs, feeling so heavy and deep. The pain in Maharaj Ji's body isn't so pointed, but it gives lots of pain because every passing day Maharaj Ji is getting weaker, like his body wasn't responding anymore as before, but Maharaj Ji didn't get upset and lose hope, just thinking, 'What is this? Why do I feel so heavy and weak? But I know my god protects me; my lord is always with me,' while looking at the river. Every passing day felt so hard, but still Maharaj Ji never got upset, just thinking positive while assuming Lord Krishna and Radha Rani.

आकाश में सूरज और चाँद की तरह दिन बीत रहे हैं, लेकिन दर्द बदतर और गहरा होता जा रहा है; साथ ही, दर्द पसलियों के बाईं ओर फैल रहा है भारी और गहरा महसूस भी कर रहा है। महाराज जी के शरीर में दर्द इतना नुकीला नहीं है, लेकिन यह बहुत दर्द देता है क्योंकि हर गुजरते दिन के साथ महाराज जी कमजोर होते जा रहे हैं, जैसे कि उनका शरीर पहले की तरह प्रतिक्रिया नहीं दे रहा हो, लेकिन महाराज जी परेशान नहीं हुए और उम्मीद नहीं छोड़ी, बस सोचते रहे, 'यह क्या है? मैं इतना भारी और कमजोर क्यों महसूस कर रहा हूँ? लेकिन मुझे पता है कि मेरा भगवान मेरी रक्षा हमेशा करेंगे मुझे विश्वास है, मेरा स्वामी हमेशा मेरे साथ है, 'नदी को देखते हुए कहा। हर गुज़रता दिन को मुश्किल लग रहा था, लेकिन फिर भी महाराज जी कभी परेशान नहीं हुए, भगवान कृष्ण और राधा रानी को ग्रहण करते हुए सिर्फ सकारात्मक सोचते रहे।

Maharaj Ji stayed so strong in this critical and painful situation, lying on his mat, but the rest didn't help him again. At every day, the pain and heavy sense made the body feel so tight and weak, but still in this situation, Maharaj Ji stayed strong and always thinking about Lord Krishna and Radha Rani in his weak and low voice.

महाराज जी इस गंभीर और दर्दनाक स्थिति में अपनी चटाई पर लेटे हुए मजबूत रहे, लेकिन आराम से भी कोई फ़ायदा न हुआ। हर शब्द पर, दर्द और भारी भावना ने शरीर को तंग और कमजोर महसूस कराया, लेकिन फिर भी इस स्थिति में महाराज जी मजबूत रहे और हमेशा अपनी कमजोर और नीची आवाज में भगवान कृष्ण और राधा रानी के बारे में सोच ते रहे।

Every day felt so hard to Maharaj Ji while fighting the unknown pain occurring in his stomach, which made Maharaj Ji very weak. Maharaj Ji's body got much thinner and weaker; his hands and legs got thin as well as the hunger made Maharaj Ji weaker. His eyes got heavy, and Maharaj Ji felt lots of cold in his body while fighting the unknown pain in his body.

महाराज जी को पेट में होने वाले अज्ञात दर्द से जूझते हुए हर दिन बहुत मुश्किल महसूस होती थी, जिससे महाराज जी बहुत कमजोर होते जा रहे थे। महाराज जी का शरीर बहुत पतला और कमजोर होता गया, उनके हाथ-पैर भी पतले होते गए और भूख ने महाराज जी को कमजोर कर दिया। उनकी आँखें भारी हो गईं और महाराज जी ने अपने शरीर में अज्ञात दर्द से जूझते हुए अपने शरीर में बहुत ठंडक महसूस की।

One day when Maharaj Ji sat under the open sky, a wise man came near to Maharaj Ji and sat side by side. Soon the wise man moved his hand and gave Maharaj Ji a piece of cloth which looked red in colour and felt so soft, and then just after giving it to Maharaj Ji, the wise man said in his polite tone, 'This is Radha Rani Chunri. I'll take it for you from the temple, my child. I know you're not feeling so good, but hold this chunri by your body and always believe in God.' Maharaj Ji took it by his shaking hand because of the cold, soon after Maharaj Ji held the holy chunri of Radha Rani close to his heart and said in a low or weak voice while getting tears in his eyes, 'I know my god is always with me.'

एक दिन जब महाराज जी खुले आसमान के नीचे बैठे थे, तो एक बुद्धिमान व्यक्ति महाराज जी के पास आए और बगल में बैठ गए। जल्द ही बुद्धिमान व्यक्ति ने अपना हाथ बढ़ाया और महाराज जी को कपड़े का एक टुकड़ा दिया जो लाल रंग का लग रहा था और बहुत ही नरम , और फिर महाराज जी को देने के तुरंत बाद, बुद्धिमान व्यक्ति ने अपने विनम्र स्वर में कहा, 'यह राधा रानी चुनरी है। मैं इसे तुम्हारे लिए मंदिर से लाया हूँ, मेरे बच्चे। मुझे पता है कि आप इतना अच्छा महसूस नहीं कर रहे हैं, लेकिन इस चुनरी को अपने शरीर से लपेटले जैसे यह भगवान का आशीर्वाद हो और हमेशा भगवान में विश्वास रखे। महाराज जी ने ठंड के कारण हाथ डगमगाते हुए राधा रानी की पवित्र चुनरी को अपने दिल के पास ले लिया और उनकी आँखों में आँसू आते हुए नीची या कमजोर आवाज़ में कहा, 'मुझे पता है कि मेरा भगवान हमेशा मेरे साथ है।'

But the sickness grew more and more with every passing day, as the nights were the worst time because of the flowing of cold and chilling wind. This felt too painful for Maharaj Ji, and he kept waking up every night. Maharaj Ji's stomach hurt a lot because of unknown pain in his stomach and regular hunger, sometimes even for many days. But Maharaj Ji never gets upset and loses hope, just thinking about Lord Krishna and Radha Rani with eternal faith and wisdom while serving every day so painfully while getting tears into his eyes every day and walking on the path of wisdom and faith alone. Even after Maharaj Ji's body didn't feel right,

Maharaj Ji's pure soul believes in him and has faith in Lord Krishna and Radha Rani.

लेकिन बीमारी हर गुजरते दिन के साथ बढ़ती गई, क्योंकि ठंड और ठंडी हवा के बहने के कारण रातें सबसे खराब समय थीं। महाराज जी के लिए यह बहुत दर्दनाक लगा और वे हर रात जागते रहे। महाराज जी के पेट में अज्ञात दर्द और नियमित भूख के कारण बहुत दर्द होता था, कभी-कभी कई दिनों तक भी। लेकिन महाराज जी कभी परेशान नहीं होते और उम्मीद नहीं खोते, बस भगवान कृष्ण और राधा रानी के बारे में शाश्वत विश्वास और ज्ञान के साथ सोचते हुए हर दिन इतनी दर्दनाक सेवा करते हुए बताते हर दिन उनकी आंखों में आंसू आते महाराज जी के शरीर को ठीक न लगने के बाद भी और इतना दर्द होने के बाद भी, महाराज जी की शुद्ध आत्मा उन पर विश्वास करती और उन्हें भगवान कृष्ण और राधा रानी पर विश्वास रखने में मदद करती।

While Maharaj Ji was surviving through painful days, many people started noticing him: there is a holy man on the steps of the temple who is always praying while not talking too much to anyone, just praying to Lord Krishna and Radha Rani for the whole day. But the holy man didn't feel alright, but here Maharaj Ji, while praying, didn't feel right; his body was getting too weak and thin, but with eternal hope and faith for God. Sometimes Maharaj Ji said in a low and weak voice, 'I'm so grateful that my lord is with me; my god is always with me. Even if I go from this world, I find them everywhere. I'm so grateful.' Maharaj Ji said while watching the open sky and then closing his eyes and believing in god with his pure and holy heart.

जब महाराज जी दुख भरे दिनों से गुजर रहे थे, कई लोगों ने उन्हें देखना शुरू कर दियाः मंदिर की सीढ़ियों पर एक पवित्र व्यक्ति है

जो हमेशा प्रार्थना करता रहता है और किसी से ज्यादा बात नहीं करता, बस पूरे दिन भगवान कृष्ण और राधा रानी से प्रार्थना करता। लेकिन वह पवित्र व्यक्ति कुछ दिनों से ठीक नहीं लग रहा है, लेकिन यहाँ महाराज जी को प्रार्थना करते समय ठीक नहीं लग रहा था; उनका शरीर बहुत कमजोर और पतला हो रहा था, लेकिन भगवान के लिए शाश्वत आशा और विश्वास के साथ महाराज जी नीची और कमजोर आवाज़ में कहते, 'मैं बहुत आभारी हूं कि मेरे स्वामी मेरे साथ हैं, मेरे भगवान हमेशा मेरे साथ हैं। अगर मैं इस दुनिया से चला भी जाता हूं, तो भी मैं उन्हें हर जगह पाऊँगा । मैं बहुत आभारी हूं' महाराज जी ने कहा ।

As every day passed, the pain and the sickness rose and worsened, but as before, Maharaj Ji always believed in Lord Krishna and Radha Rani, that they were always with him. Many people started noticing Maharaj Ji and started gathering in large quantities while saying that there is a holy man who is always just praying in the glory of Lord Krishna and Radha Rani with his kind heart even in his critical situation , when the holy man is looking soo weak and sick. But here Maharaj Ji still didn't feel so right and fighting an unknown pain in his body without letting anyone know; just Maharaj Ji alone was walking on the path of wisdom and faith while happily surviving with an unknown pain in his body.

जैसे-जैसे दिन बेतते गए, दर्द और बीमारी बढ़ती गई, लेकिन पहले की तरह, महाराज जी हमेशा भगवान कृष्ण और राधा रानी में विश्वास करते रहे, कि वे हमेशा उनके साथ है । कई लोगों ने महाराज जी को देखना शुरू कर दिया और यह कहते हुए बड़ी संख्या में इकट्ठा होने लगे कि एक पवित्र व्यक्ति है जो अपनी नाजुक स्थिति में भी हमेशा अपने दयालु दिल से भगवान कृष्ण और राधा रानी की महिमा में प्रार्थना करते रहते हैं । लेकिन यहां

महाराज जी को अभी भी उतना अच्छा नहीं लग रहा था और बिना किसी को बताए अपने शरीर में एक अज्ञात दर्द से जूझ रहे थे; महाराज जी अपने शरीर में एक अज्ञात दर्द के साथ खुशी से जीवित रहते हुए ज्ञान और आस्था के रास्ते पर चल रहे थे।

Chapter 10 Aant Hi Suruat Hai

One day, Maharaj Ji lay by the holy Yamuna River in the city of Vrindavan with a weak and sick body on the soft grass ground. The sunrise was low and slow while painting the sky and the water in the color light and orange. Soon a warm wind moved through the face of Maharaj Ji, but still, many days Maharaj Ji didn't feel right and good. Soon Maharaj Ji's stomach hurt so badly and painfully, and the pain also didn't just point but felt so heavy. Maharaj Ji felt his body so weak, sick, and cold, but Maharaj Ji always believed in God while holding Radha Rani's chunri across his stomach and praying so deeply and faithfully.

एक दिन, महाराज जी वृंदावन शहर में पवित्र यमुना नदी के किनारे नरम घास के मैदान पर एक कमजोर और बीमार शरीर के साथ लेटे हुए थे। आकाश और पानी को प्रकाश और नारंगी रंग से

रंगते हुए सूर्योदय कम और धीमा था। महाराज जी के चेहरे पर गर्म हवा चल रही थी, लेकिन फिर भी, कई दिनों तक महाराज जी को ठीक और अच्छा नहीं लग रहा था। पेट का दर्द बढ़ता ही गया महाराज जी अपने शरीर को कमजोर, बीमार और ठंडा महसूस करते थे, लेकिन महाराज जी राधा रानी की चुनरी को अपने पेट पर पकड़े हुए गहराई और ईमानदारी से प्रार्थना करते हुए हमेशा भगवान में विश्वास करते रहे।

Soon after some time, Maharaj Ji felt a pain so heavy in his body, but not for a longer time. Soon, a wise man came near Maharaj Ji and sat beside while holding back against a large stone. Here, Maharaj Ji was still surviving and fighting with the unknown pain in his body, but Maharaj Ji was always so strong. Then, a polite and simple voice came to the ears of Maharaj Ji: 'Maharaj Ji, you are so strong; your faith and belief in God are so strong. But... we have to accept what God made our destiny. Maharaj Ji, this is your medical report from the Ram Krishan Mission Medical. But... Maharaj Ji, the doctors said that both of your kidneys can no longer support you because of a serious disease (Polycystic Kidney Disease) that has surrounded Maharaj Ji, and Maharaj ji you has only a few years to live.' Soon after saying this, the wise man stopped, while droping tears from his eyes .

कुछ ही समय बाद, महाराज जी ने अपने शरीर में भारी दर्द महसूस किया, लेकिन अधिक समय तक नहीं। जल्द ही, एक बुद्धिमान व्यक्ति महाराज जी के पास आया और एक बड़े पत्थर को पकड़े हुए बगल में बैठ गया। यहाँ महाराज अपने शरीर में अज्ञात दर्द के साथ लड़ रहे थे, लेकिन महाराज जी हमेशा इतने मजबूत थे। फिर, महाराज जी के कानों में एक विनम्र और सरल आवाज आईः 'महाराज जी, आप कितने मजबूत हैं; भगवान पर आपका विश्वास कितना मजबूत है। लेकिन... हमें स्वीकार करना

होगा कि भगवान ने हमारे भाग्य को क्या बनाया है। महाराज जी, यह राम कृष्ण मिशन मेडिकल से आपकी मेडिकल रिपोर्ट है। लेकिन... महाराज जी, डॉक्टरों ने कहा कि महाराज जी को घेरे हुए एक गंभीर बीमारी (पॉलीसिस्टिक किडनी रोग) के कारण आपके दोनों गुर्दे अब आपका भरण-पोषण नहीं कर सकते हैं, और महाराज जी आपके पास जीने के लिए कुछ ही साल हैं। यह कहने के तुरंत बाद, बुद्धिमान व्यक्ति अपनी आँखों से आँसू गिराते हुए रुक गया

Maharaj Ji also has tears in his eyes, but not of sadness, as those tears are of happiness and thinking of getting closer to his god, Lord Krishna and Radha Rani. Maharaj Ji isn't sad for even a while, as Maharaj Ji has a gentle smile on his face with calm and peace in his heart that finally he is getting more close to his god, but soon after listening to all this, Maharaj Ji says in his weak but polite tone, 'Dhanyavaad, my lord, for giving me a few years in this world to live close to temples, with nature, with holy rivers. I am so thankful, Radha Rani.'

महाराज जी की आँखों में भी आँसू हैं, लेकिन दुख के नहीं, क्योंकि वे आँसू खुशी के हैं और अपने भगवान, भगवान कृष्ण और राधा रानी के करीब जाने के बारे। महाराज जी थोड़ी देर के लिए भी दुखी नहीं थे, क्योंकि महाराज जी के चेहरे पर एक कोमल मुस्कान है और उनके दिल में शांति कि आखिरकार वे अपने भगवान के और अधिक करीब आ रहे हैं, लेकिन यह सब सुनने के तुरंत बाद, महाराज जी अपने कमजोर लेकिन विनम्र स्वर में कहते हैं, 'धन्यावाद, मेरे स्वामी, मुझे इस दुनिया में कुछ साल मंदिरों के पास, प्रकृति के साथ, पवित्र नदियों के साथ रहने के लिए देने के लिए। मैं बहुत आभारी हूं, राधा रानी।

After a while or some time, Maharaj Ji lay down on his mat, and the wise man was also there, worshipping Maharaj Ji with tears in his eyes after listening about Maharaj Ji's health problem. That is how grateful and strong Maharaj Ji is, that he fights through the pain and critical situation alone, even getting a gentle smile on his face and having faith and belief in his heart. But here Maharaj Ji is still fighting with his body with his calm and pure soul.

कुछ देर बाद महाराज जी अपनी चटाई पर लेट गए, और महाराज जी की स्वास्थ्य समस्या के बारे में सुनकर आँखों में आँसू लिए महाराज जी की पूजा करते हुए बुद्धिमान व्यक्ति ने मन ही मन में कहा। महाराज जी कितने आभारी और मजबूत हैं, कि वे दर्द और गंभीर स्थिति से अकेले लड़ते रहे, यहां तक कि उनके चेहरे पर एक कोमल मुस्कान मिलती है और उनके दिल में विश्वास होता है। लेकिन यहाँ महाराज जी अभी भी अपनी शांत और शुद्ध आत्मा से अपने शरीर से लड़ रहे थे।

The next day Maharaj Ji woke slowly by holding his stomach and feeling the heavy pain inside his body, but Maharaj Ji now didn't care; he just as regularly woke up with a smiling face and calm mind and was ready to go to bathe in the Yamuna Ji river. Soon, while holding the holy Radha Rani Chunri with his stomach, Maharaj Ji moved inside the water slowly and let his soul purify, and after this all Maharaj Ji sat near a big temple in front of the bright rising sun and started praying with his pure heart and calm soul.

अगले दिन महाराज जी अपने पेट को पकड़े हुए और अपने शरीर के अंदर भारी दर्द महसूस करते हुए धीरे-धीरे उठे, लेकिन महाराज जी को अब परवाह नहीं थी; वे नियमित रूप से मुस्कुराते हुए चेहरे और शांत मन के साथ जागते थे और यमुना जी नदी में स्नान करने के लिए तैयार थे। जल्द ही, माता राधा रानी की पवित्र

चुनरी अपने पेट से पकड़े हुए, महाराज जी धीरे-धीरे पानी के अंदर चले गए और अपनी आत्मा को शुद्‌ध होने दिया, और इसके बाद महाराज जी उज्ज्वल उगते सूरज के सामने एक बड़े मंदिर के पास बैठ गए और अपने शुद्‌ध हृदय और शांत आत्मा के साथ प्रार्थना करने लगे।

As the days pass like the twinkling starts in the dark sky, and the days turn into weeks, and the weeks move so nicely into years, here in the holy city Vrindavan, with the blessings of Lord Krishna and Radha Rani, Maharaj Ji stays healthy like a miracle. With blessings of Lord Krishna and Radha Rani, Maharaj Ji's great story shines so bright. Even after being affected by a critical disease and having no chance to live a long life, Maharaj Ji still lives in the holy city Vrindavan, shining brightly while praying and meditating for his Lord Krishana and Radha Rani while turning the lines into reality [Ant hi Suruat hai]. Maharaj Ji's journey doesn't stop here; he finally lives so peacefully with the blessings of Lord Krishna and Radha Rani while having faith and belief in God.

दिन बीतते जाते हैं जैसे अंधेरे आकाश में चमक शुरू होती है, और दिन हफ्तों में बदल जाते हैं, और सप्ताह, वर्षों में बदल जाते हैं, यहाँ पवित्र शहर वृंदावन में, भगवान कृष्ण और राधा रानी के आशीर्वाद से, महाराज जी एक चमत्कार की तरह आज भी स्वस्थ है। भगवान कृष्ण और राधा रानी के आशीर्वाद से महाराज जी की महान कहानी बहुत चमकती है। एक गंभीर बीमारी से प्रभावित होने और लंबे जीवन जीने का कोई मौका नहीं होने के बावजूद, महाराज जी अभी भी पवित्र शहर वृंदावन मैं स्वस्थ रहते हैं, अपने भगवान कृष्ण और राधा रानी के लिए प्रार्थना और ध्यान करते हुए महाराज जी ने रेखाओं को वास्तविकता में बदल ही दिया :कि

अंत ही शुरुआत है महाराज जी की यात्रा यहीं नहीं रुकती है; वह अंततः भगवान कृष्ण और राधा रानी के आशीर्वाद के साथ भगवान में विश्वास रखते हुए शांति से रहते हैं।

Today Maharaj Ji live in the holy city of Vrindavan under the blessing of his lord here, the holy city Vrindavan still singing by the soft sound of ringing bells which look so delighted, so glorious under the shining bright sun under the twinkling stars, but still, from many of years Maharaj Ji never stopped his journey to get closer to Lord Krishna and Radha Rani, and the story of the great devotee didn't just end here either, as it continued like the shining water in the Yamuna Ji................

आज महाराज जी यहाँ अपने स्वामी के आशीर्वाद से पवित्र शहर वृंदावन में रहते हैं, पवित्र शहर वृंदावन अभी भी बजने वाली घंटियों की कोमल ध्वनि से गाता है जो कि टिमटिमाते सितारों के नीचे चमकते सूरज के नीचे इतना प्रसन्न, इतना गौरवशाली लगता है, लेकिन फिर भी, कई वर्षों से महाराज जी ने भगवान कृष्ण और राधा रानी के करीब जाने के लिए अपनी यात्रा कभी नहीं रोकी, और महाराज जी की यह कहानी यहीं खत्म नहीं हुई, बल्कि यमुना जी के पवित्र जल की तरह हमेशा चमकती रहेगी ....

Victorious Nexus

Victorious Nexus is a book club which was founded by author Prashant Gautam, who is a passionate young author and writer. This is a place where authors, readers, writers, environmentalists, great thinkers, and more get together to explore literature and nature, share thoughts, and celebrate the magic of books.

Whether you love fiction, history, spiritual, documentary or poetry, Victorious Nexus connects you with stories and thoughts that inspire and transform. Let us all join together in building a community where knowledge and imagination live together!

Explore My Projects:

My Grandfather:

A biography book of

My grandfather, who

Captures the wisdom

And the legacy of my loved

One.

Arca:

My second fiction novel, in which you are able to explore

The world of magic with great storytelling between

different character

Morth: A documentary-style book which has vast

knowledge about the Ministry of Road Transport and Highways.

Text and Tales: A book series of engaging educational content for young students and kids.

For any inquiries, feel free to drop us an email.

flower100purple@gmail.com.

The Victorious books

जय
श्री कृष्णा

www.ingramcontent.com/pod-product-compliance
Ingram Content Group UK Ltd.
Pitfield, Milton Keynes, MK11 3LW, UK
UKHW061027310726
14090UKWH00024B/442

* 9 7 9 8 8 9 9 0 6 6 7 1 9 *